Editorial

Foto: privat

Liebe Pferdefreunde,

wir leben derzeit in einer sehr unsicheren Epoche. Kriege, Frust und Preiserhöhungen in allen Bereichen stellen jeden Einzelnen vor große Herausforderungen. Klimaveränderungen mit den begleitenden Katastrophen tun ihr Übriges, denn die Brände und Überschwemmungen des Sommers lassen jeden Einstellbetrieb um die nächste Heu- oder Strohernte bangen. Denn wie sollen unsere Pferde ernährt werden, wenn es kein Heu, die Hauptnahrungsquelle unserer Vierbeiner, gibt, und wie sollen wir sie über den nächsten Winter füttern? Das sind Zukunftsfragen, bei denen Existenzängste vorprogrammiert sind. Manch einer kann sich sein Pferd gar nicht mehr leisten, weil die Kosten für Einstellung, Futter, Hufbearbeitung und Tierarzt sehr stark (oft um das Doppelte) gestiegen sind.

Auf der anderen Seite tut sich energetisch einiges. Viele Dinge im mentalen Bereich kommen an die Oberfläche. Durch Internet und soziale Medien werden solche Informationen früher und schneller verbreitet. Tierquälereien auf Pferdeevents und bei manchen Trainern machen schneller die Runde. Trotzdem fordere ich auf, jede Information zu hinterfragen, ob sie wirklich richtig ist. Die Leser und Abonnenten der Natural Horse zahlen deshalb einen höheren Preis, weil die Informationen von Fachautoren stammen. Die Ansicht eines Lesers in diese Richtung hat mich sehr berührt: „... die Natural Horse erscheint sechs Mal im Jahr mit 80 Seiten. Das sind im Monat rund 6 Euro für mehr als 70 Seiten Information. Das ist mindestens ein Drittel mehr Information als in anderen Reitzeitschriften, die auf mindestens jeder 2. Seite Anzeigen hat. Und für euch schreiben Autoren, die – meiner Meinung nach – ein großes Fachwissen haben. So gesehen ist euer Magazin günstiger als jedes andere Pferdemagazin, das monatlich rauskommt ..." Danke für diese Aussage!

Zurück zum Inhalt: In der Natural Horse erscheinen Artikel, in denen es um das Wohl der Pferde und einer guten Verbindung zwischen dem Pferd und seinem Menschen geht. Dazu muss man das Pferd als Individuum sehen, das wir Menschen verstehen lernen sollten. Katharina Beier erklärt das Tier-Design-Reading, eine Softwarevariante, mit der man das Potenzial seines Pferdes berechnen kann, um es dementsprechend zu fördern.

In diesem Jahr feierte eine Einrichtung ihr zehnjähriges Jubiläum, ohne die viele Pferde keine Chance gehabt hätten – die erste Pferdeklappe Deutschlands. Petra Teegen und ihr Team helfen Pferdebesitzern, die ihre Lieblinge nicht mehr versorgen können, und vermitteln diese Pferde an neue Besitzer.

Wie viel Ausstattung braucht ein Pferd und welche Auswirkungen hat diese auf das Pferd? Diesen Fragen geht Knut Krüger nach. Diana Tiebes befasst sich mit dem Kompensationswunder Pferd und wie man Imbalancen im Pferd erkennt. Da dieses Thema so umfangreich ist, gibt es eine Fortsetzung dazu in der nächsten Ausgabe. Lisa Kittler informiert darüber, warum ein Pferd nach einer Verletzung nicht nur ruhiggestellt werden sollte. Kirsten Fleiser zeigt die Möglichkeiten der verschiedenen Befundungen auf, damit sich jeder Pferdebesitzer einen Überblick verschaffen kann.

Der Winter naht und damit ebenso kalte und harte Böden. Wie man im Winter sein Pferd auf solchen Böden trainieren kann, dafür hat Hans-Jürgen Neuhauser einige Übungen parat.

In unserem Schwerpunkt geht es diesmal um die Faszination Wildpferde und vor allem Mustangs, die wild lebenden Pferde Amerikas. Marc Lubetzki führt in die Welt der Wildpferde ein und was sie uns lehren können. Der Naturfilmer Erich Pröll hat für seine Mustangs ein Gebiet von 30 Hektar im Böhmerwald gekauft, damit sie Mustang-gerecht leben können. Christiane Slawik begleitete mit ihrer Kamera seine Mustangs durchs Jahr. Christina Fritz, selbst Mustang-Besitzerin, erklärt, wie man diese artgerecht halten kann. Die Magie, die von Mustangs ausgeht, hat Monty Roberts in einem Satz zusammengefasst: „It's not just a horse, it's a Mustang!"

Mit pferdisch-empathischen Grüßen

Eure Martina Kiss

PS: In unserer letzten Ausgabe hat sich ein kleiner Fehlerteufel eingeschlichen: Das Foto auf S. 74 der Ausgabe 46 ist nicht von Diana Wahl, sondern von Marie Schade. Wir entschuldigen uns dafür!

Inhalt

04 Das Pferd als Individuum
Foto: Christiane Slawik

20 Gut gerüstet?
Foto: Christiane Slawik

46 Welche Imbalance hat mein Pferd?
Foto: Christiane Slawik

66 Die Magie der Mustangs
Foto: Christiane Slawik

Das Pferd als Individuum

Mit Intuition sein Pferd verstehen

von Martina Kiss

Foto: Christiane Slawik

Wir lieben unsere Pferde – keine Frage! Aber diese Liebe ist auch geprägt von Unsicherheit, was das Beste für unser Pferd ist. Werbung und gut gemeinte Ratschläge von Pferdespezialisten im Internet, Reitzeitschriften und Social-Media-Plattformen tun ihr Übriges, um diese Unsicherheit zu verstärken. All diese guten Tipps gipfeln dann – im schlimmsten Fall – in der totalen Verwirrung, weil jeder etwas anderes sagt und eine andere Meinung hat. Dabei geht ein wertvolles Instrument unseres Ichs verloren – das Bauchgefühl.

Monika* rief mich zu ihrem Wallach Sandro*, weil Sandro seit einiger Zeit unter Kotwasser litt und außerdem sehr verspannt unter dem Sattel ging. Die Vorgeschichte dazu: Monika hatte mit Sandro sechs Monate zuvor den Stall gewechselt, weil sie mit den anderen Einstellern im alten Stall nicht mehr zurechtkam und sie Sandro von einer reinen Boxenhaltung mit Paddock auf Offenstall umstellen wollte. Sie wollte das Beste für ihr Pferd, und weil sie in verschiedenen Foren gelesen hatte, dass das Beste für ein Pferd der Offenstall ist, wollte sie ihm diese Möglichkeit geben. Da diese Möglichkeit aber in dem Einstellbetrieb (dem Turnierstall), in dem der Wallach zu diesem Zeitpunkt stand, nicht möglich war, sah sich Monika nach einem neuen Stall um. Der Wallach war 15 Jahre alt und Monika war seine vierte Besitzerin. Sandro war fünf Jahre lang im Schulbetrieb gegangen, bevor sich Karin in dieses feinfühlige Wesen verliebte und ihn nach einigen Monaten kaufte. Er war ein Pferd, das Sicherheit brauchte und einen gewohnten Ablauf. Alles, was außerhalb des Gewohnten lag, war purer Stress für den Wallach, was sich nach ein paar Wochen immer in Verspannungen im Kopfbereich und Verdauungsproblemen äußerte.

In den letzten vier Jahren hatte Monika dreimal den Stall gewechselt, und der letzte Stall mit Paddockboxen bot Sandro für ein Jahr Aufenthalt und neu gewonnene Heimat. Seit Monika den Wallach besaß, hatte sie sich von einer ambitionierten Landturnierreiterin zu einer Pferdefrau entwickelt, die in verschiedenen Workshops ihr Wissen über

Sensible Pferde brauchen die Routine – ob es die pünktliche Fütterung, dieselbe Weide oder derselbe Stallkollege ist. Jeder Charakter hat seine eigenen Regeln. *Foto: Christiane Slawik*

Pferdetraining erweiterte. Das hatte zur Folge, dass sie ihr Pferd auch immer wieder mitnahm, immer im guten Glauben, dem Pferd das Beste zu bieten. Sie besuchte Kurse bei namhaften Reittrainern, die ihr Pferd toll aussehen ließen. Aber wenn Pferd und Reiterin wieder zu Hause waren, sah das Training anders aus. Hinzu kam, dass Sandro mit jedem Kurs andere Verhaltensauffälligkeiten zeigte. Der Schluss der Geschichte war, dass Monika – auf gute Ratschläge ihrer Reitkollegen – viel ausprobierte und immer weniger auf die Zeichen von sich und Sandro achtete. Das war mit der Zeit ein echtes Problem, denn immer öfter versuchte Sandro sie zu beißen oder zu schlagen, wenn sie seine Box betrat. Monika las, dass Pferde im Offenstall ausgeglichener seien, und hatte auch einige Vertreter dieser These in einem Offenstall in der Nähe ihres Einstellbetriebs gefunden. Dieser Offenstall bot Platz für circa zehn Pferde und oft standen dort auch zwölf Tiere, sodass der Besitzer ihr leider absagen musste. Er gab ihr allerdings Tipps und Adressen, wo sie vielleicht etwas finden konnte.

Monika machte sich auf die Suche und wurde fündig. Ein Offenstall mit zehn Pferden (zwei Stuten mit Fohlen, zwei Stuten mittleren Alters, zwei Seniorenwallache und zwei Ponys) sollte die neue Heimat von Sandro werden. Für Monika war der Stall auch leicht erreichbar und so konnte sie mehr Zeit mit ihrem Wallach verbringen.

Seit zwei Jahren war Monikas Ambition, mit Sandro auf Turnieren zu starten, auch aufgrund einer Sehnenverletzung immer geringer geworden. Sie verlegte ihr Training auf Bodenarbeit und ging mit ihm öfter ausreiten. Durch die Verlagerung von Monikas Interessen weg vom Turnierreiten hatte sie im Stall weniger Ansprechpersonen und fühlte sich nicht mehr der Gemeinschaft zugehörig. Auch ein Grund, warum sie wechseln wollte. So ergab sich der Wechsel in den Offenstall als Glücksgriff – könnte man meinen. Doch genau das brachte bei Sandro, dem Gewohnheitstier, wieder alles durcheinander. Er konnte sich überhaupt nicht in die Gruppe im neuen Stall integrieren und stand nach sechs Wochen nur noch apathisch in der abgelegensten Ecke der Weide, nahm ab, hatte stumpfes Fell, teilnahmslose Augen und war kaum ansprechbar, abgesehen von Kotwasser und Verspannungen am ganzen Körper. Teilnahmslos ließ er sich für Ausritte satteln und zeigte kein Interesse mehr an seiner Umgebung. Er hatte abgeschlossen ob der ständigen Veränderungen in seiner Umgebung.

So traf ich die beiden – auf der einen Seite die verzweifelte Besitzerin, die sich keiner Schuld bewusst war, auf der anderen Seite ein Pferd in den besten Jahren, das offensichtlich in Depressionen verfallen war, und das in einem Offenstall, der das Pferdeparadies sein sollte. Was war passiert?

Ausnahmen bestätigen die Regel

Sandro war ein Pferd, das – vermutlich seit seiner Geburt – immer die behütete Box als sein Zuhause ansah. Er brauchte einen geregelten Tagesablauf, damit er – das Individuum Pferd – entspannt und in Sicherheit leben konnte. Diese Pferde fordern für ihr Seelenheil einen Tagesablauf ein, der immer dieselbe Routine mit sich bringt, denn sie sind die Beamten unter den Pferden. Alles, was außerhalb dieses Ablaufs passiert, und sei es nur ein neues Pferd in der Nebenbox, erfordert viel Umdenken und in erster Linie Umgewöhnen. Sandro stand in seinem letzten Stall ein Jahr neben demselben Pferd und war – einfach ausgedrückt – in der Box „glücklich" (unvorstellbar für Menschen, die meinen, dass ein Pferd nur in der freien Natur glücklich sein kann – was für 99 Prozent der Pferde auch zutrifft). Er kam für einige Stunden am Tag auf die Weide. Das war von 8 bis 13 Uhr – immer um die gleiche Zeit. Er bekam immer um die gleiche Zeit sein Futter. Sogar das Licht im Stall wurde immer um die gleiche Zeit gelöscht. Diese Haltungsform entsprach seiner Natur – er war zufrieden. Wenn Monika ihn zu Workshops mitnahm, war das eine enorme Umstellung für das Pferd, und das war Stress pur aufgrund der verschiedenen Fütterungszeiten, der anderen Pferde und der fremden Umgebung. Daraufhin wurde der Wallach immer unleidlicher. Schwer zu verkraften waren jedoch auch die Stallwechsel der vorangegangenen vier Jahre. Und in jedem Stall gab es immer wieder neues Futter. Mal schlechter – mal besser.

Achtsam auf das Pferd eingehen

Grundsätzlich ist zu sagen, dass die natürlichste Haltungsform der Offenstall (am besten mit anschließendem Paddock-Trail) ist – und ich (so wie jeder, der Pferde und ihr Wesen kennt) ein Verfechter der natürlichen Pferdehaltung bin.

Fühlt sich mein Pferd wohl, wenn es auf einen Trainingsworkshop mitfahren muss? Oder lasse ich es doch besser in seiner Gruppe zuhause stehen, damit es glücklich und zufrieden ist? Achten Sie auf Ihre Intuition. *Foto: Christiane Slawik*

Doch es gibt auch Ausnahmen unter den Pferdebedürfnissen, und Sandros Fall war so eine Ausnahme. Das Kotwasser und die Verspannungen waren Ausdruck seines oftmaligen Wechsels der letzten vier Jahre. Seine Verhaltensauffälligkeiten, wie das Beißen in der Box, hieß nichts anderes als „Lass mich in Ruhe, nicht schon wieder etwas anderes!".

Wie konnte man jetzt ein Pferd, das wie Sandro in Melancholie versank oder in bestimmten Situationen aggressiv wurde, wieder auf ein glückliches Pferdeleben einstimmen? Zeit, Geduld und auch Entgegenkommen des Pferdestallbesitzers und der Miteinsteller waren die Schlüsselworte. Damit Sandro nicht wieder umgestellt werden musste, versuchten es Monika und der Stallbetreiber damit, dass Sandro im Unterstand des Offenstalls eine gezimmerte Box mit einem Eingang bekam. Und siehe da, nach einigen Tagen Beäugen der Box ging er freiwillig hinein und legte sich auch hin. Dadurch konnte er sich von der ungewohnten Umgebung ausruhen und ein großer Teil Stress war weg. Somit konnte er entscheiden, wann er seine Ruhe brauchte. Nachdem das geklappt hatte, war die Integration in die Gruppe schon etwas einfacher. Er begann wieder besser zu fressen, wobei die Fütterungsvariante Heu ad libitum nicht unbedingt seinem gewohnten Fütterungsritual entsprach, aber er hatte sich damit arrangiert. Dadurch nahm er wieder zu und sein Fell fing wieder an zu glänzen.

Es stellte sich heraus, dass er nicht das Schlusslicht, sondern ein Teil der Mitte in der Herde war und in manchen Situationen sogar schlichtend eingreifen konnte. Und hier spielte wieder der Faktor Zeit und eine genaue Beobachtung eine große Rolle. Sandro brauchte gut ein Jahr, bis er seinen Platz in der Gruppe gefunden und eingenommen hatte, aber dann konnte er ein stressfreies Dasein genießen. Auch stellte sich heraus, dass die Gruppe anfing, sich untereinander auf Sandro einzustellen, und ein Ponywallach wurde zu seinem besten Freund. All das erforderte viel Geduld und Zeit.

Die eigene Meinung vertreten

Diese Geschichte zeigt: Egal was immer Reit- und Pferdespezialisten für Tipps geben, es muss nicht zwangsläufig der richtige Ratschlag für das eigene Pferd sein. Sein Pferd zu beobachten, seine Eigenheiten herauszufinden und sich in seine Lage zu versetzen ist viel mehr wert als alle gut gemeinten Ratschläge von Bekannten oder Fachleuten. Jeder Pferdebesitzer sollte die Bedürfnisse seines Pferdes am besten kennen und dementsprechend nach seinem Bauchgefühl Entscheidungen treffen. Und wenn im ganzen Stall Müsli gefüttert wird

Nicht alle Pferde sind sofort in einem Offenstall glücklich. Die Eingewöhnungszeit kann lange dauern, vor allem wenn das Pferd seit seiner Jugend nichts anderes als Boxenhaltung kennt. *Foto: Christiane Slawik*

Selbst für einen Menschen kann eine Herde Rinder etwas Bedrohliches haben. Scheut das Pferd, sollte man solche Situationen vermeiden, oder durch konsequentes Training dem Pferd die Möglichkeit geben, seine Angst abzubauen. *Foto: Meike Bölts*

und mein Pferd es nicht verträgt, bekommt es kein Müsli. Punktum.

> Wenn Sie bei Ihrem Pferd sind und es um eine Entscheidung geht, hören Sie auf das, was Sie im ersten Moment fühlen.

Und warum bestehe ich auf meiner Meinung? Wenn ich mich nicht gut fühle, wenn es um das Futter meines Pferdes geht, wie soll dann mein Pferd das Futter mögen? Wenn ich merke, dass mein Pferd mit den Trainingsmethoden des Stalltrainers nicht zurechtkommt, warum muss ich ihn dann mit meinem Pferd arbeiten lassen? Egal wie toll angesehen dieser ist und welche Erfolge er bei anderen Pferden mit seiner Methode hat – mein Pferd braucht vielleicht einen anderen Trainer.

Das, was wir im Berufsleben lernen sollten – nämlich Nein zu sagen, bezieht sich auch auf den Umgang mit dem Pferd. Deshalb ist die Beobachtung einer Pferdegruppe auf einer Weide immer ein besonders schönes Erlebnis, bei dem man viel lernen kann. Die Pferde untereinander sagen nämlich sehr genau und ganz klar Nein – wenn ihnen etwas nicht passt.

Jedes Pferd als Individuum zu erkennen, anzunehmen, miteinander Freude und Spaß zu erleben, sollte unsere oberste Intension sein, denn nur so dürfen wir erwarten, ein glückliches Pferd zum Partner zu haben.

*Namen von der Redaktion geändert

Durch den Tod ihres Pferdes Junior kam die Journalistin und Pressefotografin Martina Kiss zur Tierkommunikation (nach Carola Lind und Nadja Bacchi) und in weiterer Folge zur Tierenergetik. Sie arbeitet mit Cranio-Sacraler Ausgleichsenergie und Touch for Health für Pferde und Hunde. Ihre Spezialgebiete sind Pferdekinesiologie (Dr. Christina Fritz) und Coaching zwischen Mensch und Tier (Nadja Bacchi). Seit einigen Jahren studiert sie das Verhalten der Mensch-Pferd-Beziehung.
www.balance4animals.at

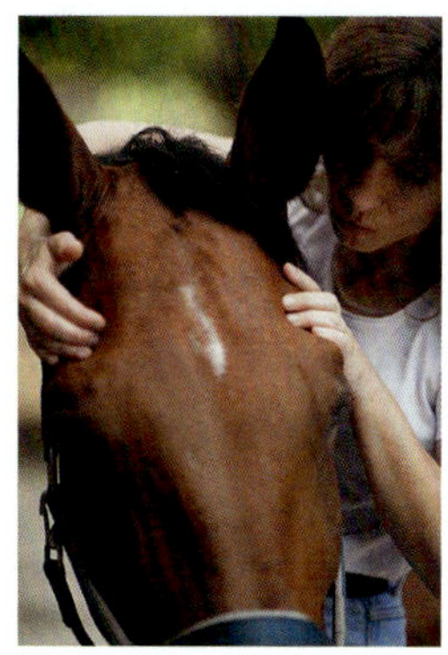

Foto: Christiane Slawik

TIER-DESIGN-READING
Entfalten Sie die Persönlichkeit Ihres Pferdes

von Katharina Beier

Pferde sind feinfühlige, aber auch geerdete Tiere mit einer eigenen Persönlichkeit, die uns Pferdemenschen faszinieren. Entscheidet sich ein Mensch für „sein" Pferd, ist meist eine Bindung schon lange da, weil er sich innig zu seinem Pferd hingezogen fühlt. So ist es nur natürlich, dass er sein Pferd mit seiner Persönlichkeit annimmt, es aber mit der Zeit auch dementsprechend fördern will. Dabei ist es für jeden Pferdebesitzer wichtig, dass er über das Potenzial seines Pferdes Bescheid weiß. In der heutigen Zeit gibt es verschiedene Möglichkeiten, sich zu informieren. Eine dieser Möglichkeiten, um das Potenzial oder auch die Imbalancen seines Pferdes zu erkennen, ist das Tier-Design-Reading.

Vielleicht hat der eine oder andere von Ihnen den Begriff „Human Design" schon einmal gehört. Seit 1987 etabliert sich dieses System weltweit. Entwickelt wurde es vom Physiker und Künstler Ra Uru Hu. Es ist eine perfekte Ergänzung aus Genetik und I Ging, Biochemie und Chakra-Lehre, Astronomie sowie Kabbala, Physik und Astrologie.

Im Human-Design-System berechnet eine Software den Stand der Planeten und Planetenpunkte anhand Geburtsdatum, -zeit und -ort. Daraus entsteht ein Chart, auch bekannt als Human Design Bodygraph. Die Berechnungsgrundlage im Tier-Design ist dieselbe wie beim Menschen. Falls Daten wie die Uhrzeit oder der Ort fehlen, gibt es Möglichkeiten, die Berechnung dennoch durchzuführen. Das System unterstützt uns dabei, herauszufinden, wer wir ohne Glaubenssätze und Prägungen sind. Mit dem Wissen um unser eigenes Human Design lassen sich unsere und die Themen unseres Tiers viel leichter trennen. So erkennen Sie, dass Sie, geprägt durch Ihr Umfeld, beispielsweise den Job, oft viel zu schnell im Leben unterwegs sind. Laufen Sie zum Beispiel schnell von der Koppel zum Stall, weil Sie spät dran sind, kann es passieren, dass Sie Ihr Pferd treiben müssen, obwohl es nicht mitgehen möchte.

Der menschliche Alltag ist oft sehr stressig – Arbeit, Privates, ständiger Druck. Wer diesen Stress mit in den Stall trägt, merkt das oft gar nicht. Stress wird zur Gewohnheit – und Ihre Tiere übernehmen diesen und können dadurch erkranken. Gerade für das Fluchttier Pferd ist Stress einer der Faktoren, den Sie als Besitzer unbedingt vermeiden sollten und möchten.

WAS ZEIGT DER TIER-DESIGN-CHART IN DER PFERD-MENSCH-BEZIEHUNG AUF?

- Welche Stärken und Schwächen hat das Tier?
- Welche individuellen Bedürfnisse hat es?
- Was ist der eigene Antrieb im Leben?
- Wofür brennen wir (beispielsweise die Berufung)?
- Wie interagieren wir mit anderen Menschen?
- Wie wirken wir auf andere Menschen?
- Wie treffe ich Entscheidungen (aus dem Bauch, über meine Emotionen)?
- Was bewirkt mein Tier bei mir und ich bei ihm?
- Welche Verhaltensmuster werden durch mich bei meinem Tier aktiv?

WIE SIEHT EIN CHART IM TIER-DESIGN-READING AUS?

Ein Tier-Design-Chart wird mithilfe einer Software erstellt. Grundsätzlich besteht das Tier-Design aus fünf verschiedenen Zentren. Jedes Zentrum (Kästchen mit Zahlen) hat seine eigene Energie und eine individuelle Funktion.

In den Kästchen finden sich Zahlen wieder – jede davon steht für ein sogenanntes Tor, das eine Eigenschaft, ein Talent oder ein Potenzial symbolisiert. Wenn zwei Tore farblich miteinander verbunden sind, entsteht daraus ein Kanal. Den Toren und Kanälen werden Eigenschaften, Stärken, Potenziale zugeordnet, die immer auch im Menschen vorhanden sind.

WELCHE EINBLICKE ERMÖGLICHT DAS TIER-DESIGN-READING?

Das Tier-Design gibt Antworten auf verschiedene Fragen: Warum verändert sich das Verhalten meines Pferdes plötzlich? Wie kam es zu einem plötzlichen Unfall? Wie steht es um die Eignung des Tiers? Wie kann ich das Training in Bezug auf Lerntyp, Zeiten und Intervalle anpassen? Welche Haltungsform und Umgebung ist für mein Tier am besten geeignet? Welche Bedürfnisse hat es?

Aus dem Chart und der Auswertung der Daten eines Pferdes lassen sich die Antworten auf diese Fragen herauslesen. Gerade bei Kaufentscheidungen für ein bestimmtes Pferd oder auch dem Verkauf des eigenen Lieblings gibt das Tier-Design hilfreiche Impulse. Auch bei der Frage, ob Sie einen Hengst kastrieren lassen oder mit ihm züchten, hilft dieses System.

Um die Anwendung des Tier-Design-Reading zu erklären, dient mein eigenes Pferd Inigo als Beispiel.

UNERKLÄRLICHE HERAUSFORDERUNGEN

„Das Pferd ist dein Spiegel" haben wohl die meisten von uns schon einmal gelesen oder gehört. Als ich vor drei Jahren das Human Design und dadurch das Tier-Design-System kennenlernte, ergab dieser Satz endlich Sinn. „Man bekommt das Pferd, das man braucht." – Noch ein Sprichwort, das viele von Ihnen womöglich bereits gehört haben.

Inigo kam zu mir, als er zwei Jahre alt war. Das erste eigene Pferd, das ich mit Unterstützung selbst ausbilden wollte. Man könnte meinen, der Beginn einer großartigen Beziehung, oder? Die Praxis sah jedoch anders aus: Gerade beim Verladen hatten wir gemeinsam nicht den besten Start. Inigo hatte panische Angst vor dem Hänger. Mit vielen Stunden Bodenarbeit, Gelassenheitstraining und professioneller Unterstützung gelang es nach einiger Zeit, dass er sich entspannt dem Hänger näherte und auch hineinstieg. Die ersten Fahrten wurden gemacht. Inigo stand entspannt und Heu fressend im Hänger. Egal, was um ihn herum geschah und wie lange es auch dauerte. Kurse besuchen, Ausflüge machen – wochenlang klappte das Verladen auf Anhieb und ohne Komplikationen.

Doch dann kam Tag X und nichts ging mehr. Inigo stand auf der Rampe des Hängers und wollte keinen Zentimeter mehr vorwärts. Ich erhöhte den Druck und er stieg, riss sich los und rannte vom Hänger weg. Es war unerklärlich: Es gab keine Veränderung in der Herde, bei den Menschen um ihn herum, der Fütterung, dem Training – einfach nichts, was eine Erklärung dafür sein konnte.

Diese Phasen wiederholten sich immer wieder über drei Jahre lang. Zweimal ließ sich Inigo gar nicht mehr verladen. Ich musste ihn in einem fremden Stall über Nacht stehen lassen. Ein furchtbares Gefühl – er war ganz allein dort, ich allein auf dem Weg nach Hause. Die Stimmen anderer Pferdebesitzer wurden lauter: Welches Problem hat Inigo? Liegt es an der Besitzerin? Passt die Bindung nicht? Ich war verzweifelt. Verschiedene Trainer, pferdegestütztes Coaching, Überprüfung seines gesundheitlichen Zustands, körperliche Balance – alles wurde gemacht und geprüft. Es gab aber keine Erklärung und auch keine Lösung für unsere Herausforderung. So traf ich auf das Tier-Design-Reading.

Durch die Erkenntnisse aus dem Tier-Design-Reading kann der Mensch mehr auf sein Pferd eingehen und eine glückliche Pferd-Mensch-Beziehung kann beginnen. *Foto: Christiane Slawik*

WAS DAS SYSTEM BEI INIGO AUFZEIGT

Um zu verstehen, wie Tier-Design funktioniert, tauche ich in einige konkrete Beispiele ein.

Vor dem Tier-Design-Reading ließ sich der PRE-Wallach nicht verladen. Anhand der Verladethematik hat mir mein Pferd Folgendes gezeigt: Ich selbst habe Entscheidungen zu treffen, bei denen ich mir unsicher bin. Inigo spiegelt in diesen Situationen meine persönliche Angst und Unsicherheit wider. Bei ihm wird durch mich dieses Tor im Chart aktiviert. Sobald er nun beim Verladen zögert oder gar an der Rampe stehen bleibt, ist das wieder ein Zeichen für mich, in mich hineinzufühlen und -zuhören. Da ich in den letzten Jahren viel auf Reisen war, suchte ich jemanden, der sich in meiner Abwesenheit um Inigo kümmerte. Ich fand einen netten, einfühlsamen Menschen für ihn, der schließlich seine Reitbeteiligung wurde. Ein paar Wochen später ein Anruf: Inigo hat gezielt getreten. Das war erst einmal ein Schock. Er hatte noch nie nach mir oder sonst jemandem getreten. Es war mir also unerklärlich, warum.

Bei Inigo ist Tor 12 aktiviert, das für die Wandlung und Metamorphose steht. Der Fokus liegt dabei auf dem Thema Freundschaft. Er sucht sich seine Menschen aus. Für die Praxis bedeutete das: Er hatte sich durch den Tritt entschieden, dass die gemeinsame Zeit der beiden vorbei war. Er konnte es mir nicht anders kommunizieren, also zeigte er ein für ihn untypisches Verhalten. Tor 12 hat weitere Eigenschaften. Inigo ist dadurch auch hervorragend für die Herdenhaltung geeignet. Er ist sehr sozial, freundlich und gerecht. Jede bisherige Eingliederung, sei es auch nur für zwei Wochen, zum Beispiel mit dem Pferd einer Freundin, ist unkompliziert, stressfrei und vor allem verletzungsfrei.

VON TIER-DESIGN ZU HUMAN DESIGN

Durch mich wird bei Inigo das Sakralzentrum aktiviert. Das bedeutet: Die Eigenschaften und Antriebe dieses Zentrums stehen ihm durch mich zur Verfügung. Ich achte darauf und entscheide dann, wie wir unsere gemeinsame Zeit verbringen. Bin ich an einem Tag beispielsweise unkonzentriert oder müde, mache ich einen Spaziergang oder reite aus, für die Dressur reicht dann meine eigene Energie nicht aus. Laut Human Design gehöre ich zum Energietyp „Manifestierender Generator". Durch mein aktiviertes Sakralzentrum habe ich viel Energie zur Verfügung. Zudem liebe ich es, viele verschiedene Projekte gleichzeitig zu betreuen, und habe viele Interessen. Sofern ich daran Freude habe, kann ich mehrere Hobbys gleichzeitig ausüben.

Was das mit dem Pferd zu tun hat? In der Vergangenheit standen diese Interessen im Gegensatz zu den Charaktereigenschaften von Inigo. Ich probierte mich in verschiedenen Reitweisen aus, fand Freude an der Freiarbeit und machte jeden Tag irgendetwas anderes mit ihm. Durch mich werden bei ihm die Eigenschaften von Tor 5 (Gewohnheiten und Muster) aktiviert. Diese kollidierten miteinander – Inigo war ausgelaugt und hatte keine Freude mehr an der gemeinsamen Zeit. Ich durfte lernen, zwar Neues auszuprobieren, doch nicht gleichzeitig alles. Nach all den Jahren haben wir dabei einen gemeinsamen Nenner gefunden. Diese Erkenntnis kann jedem Pferdebesitzer sehr helfen.

DAS PFERD ALS PERSÖNLICHKEITSSPIEGEL

Manch unerwünschtes Verhalten unserer Pferde wird durch uns hervorgerufen. Das Schöne ist: Sie haben es somit selbst in der Hand, dass dieses Verhalten aufhört. Ihr Pferd ist ein ungefilterter Spiegel Ihrer eigenen Persönlichkeit, es zeigt Ihnen Ihr wahres Ich. Es bietet uns die Möglichkeit, uns zu entwickeln, Ängste und Glaubenssätze zu erkennen – allerdings nur, wenn wir uns darauf einlassen. Das Erkennen unserer wahren Persönlichkeit und der unseres Pferdes hilft in diesem Prozess. Wir sind in der Lage, genaustens zu unterscheiden: Was ist meins, was ist deins?

TYPISCHE ERKENNTNISSE AUS DEM TIER-DESIGN

Die Beispiele von Inigo zeigen einen sehr individuellen Fall. Dem Tier-Design-Reading entspringen aber auch sehr viele typische Erkenntnisse.

Aggressives Verhalten in der Fütterungszeit

Bei Futterneid wird oft im Reading durch den Menschen beim Pferd Tor 19 aktiviert. Dieses steht für das „Territorium". Ist dieses in einem Tier aktiviert, so zeigt es häufig einen sehr ausgeprägten Sinn für sein persönliches Territorium; das kann die Box, aber auch der Paddock oder die Weide sein. In einem solchen Fall sollte der Besitzer prüfen, wobei oder wo er selbst ein „territoriales Verhalten" aufweist. Das kann beispielsweise ein ausgeprägter Beschützerinstinkt innerhalb der Familie sein, der durch ein Trauma entstanden ist.

Sobald die Fütterungszeit beginnt, zeigt manch ein Pferd gegenüber seinem Nachbarn ein sehr aggressives Verhalten: Beißen und Steigen oder Treten sind nicht unübliche Verhaltensweisen. Interessant ist, dass manche Pferde dieses Verhalten nur zeigen, sobald ihr Besitzer in der Nähe ist. *Foto: Christiane Slawik*

Koppelzaun wird durchbrochen

Bei einem Koppelausbrecher ist vermutlich Tor 53 aktiviert. Tiere mit diesem aktivierten Tor haben einen besonders ausgeprägten Sinn für Freiheit.

Versuchen Sie, es einzusperren oder es von seinen natürlichen Lebenszyklen abzuhalten, wird es sich dagegen wehren. In diesem Fall sollten Sie für das Pferd prüfen, welche Haltungsform diesem Bedürfnis am nächsten kommt. Ein Teil des Lebenszyklus kann das Wandern über große Flächen oder eine gewisse Herdengröße sein.

Für jeden Pferdebesitzer ärgerlich: Das Pferd durchbricht jeden Koppelzaun, steigt durch die Litzen hindurch oder ist ein wahrer Künstler im Tore- und Türen-Öffnen. *Foto: Christiane Slawik*

Auch körperliche Imbalancen versteht man besser durch das Tier-Design-Reading und kann durch die Erkenntnisse durch Behandlungen im Vorfeld besser einem Krankheitsverlauf entgegenwirken. *Foto: Elisa Stützenberger*

Stress durch Abwechslung

Manch ein Pferdebesitzer liebt die Abwechslung im Training und in der gemeinsamen Zeit: Freiarbeit, Ausreiten, Bodenarbeit, Springen, Zirkuslektionen, Dressurreiten. Die Möglichkeiten, sich mit dem Pferd zu beschäftigen und es zu bewegen, sind enorm. „Der langweilt sich schnell, der braucht viel Abwechslung!" ist ein Satz, der in diesem Kontext immer wieder fällt. Das mag bei dem ein oder anderen Pferd stimmen. Es ist jedoch wichtig, darauf zu achten, von wem dieser Antrieb dazu ausgeht. Tor 5 steht für Muster und Gewohnheiten. Tiere, bei denen dieses Tor aktiviert ist, lieben ihre instinktiven Gewohnheiten. Für sie resultiert es in Stress, wenn Muster durchbrochen werden – dieser Stress kann sich im Verhalten, aber auch im gesundheitlichen Befinden widerspiegeln.

Ein weiteres persönliches Beispiel: Ich selbst liebe es, viele verschiedene Dinge zu tun, Inigo aber nicht. Ich hatte lange Zeit einen Wochenplan, wann wir was gemeinsam machen. Er wurde immer demotivierter, war gestresst, es war für ihn zu viel. Also überlegte ich, was uns beiden Freude bereitet, habe die Abwechslung radikal heruntergefahren. Er ist nun voller Motivation, kommt auf der Koppel mir entgegengetrabt, stellt sich an den Ausgang und scheint zu fragen: Was machen wir heute Schönes zusammen?

Schreckhafte Pferde

Viele Pferdebesitzer genießen die gemeinsame Zeit mit ihrem Pferd gern bei einem Ausritt. Für den ein oder anderen ist dieser Ausritt eher von Stress geprägt, wenn das Pferd zu denen gehört, die sehr schreckhaft und allzeit fluchtbereit sind und hinter jedem Baumstamm ein Raubtier sehen. Bei diesen Pferden ist Tor 28 aktiviert, das für diese Eigenschaften steht. Wenn es durch Sie selbst aktiviert wird, kann gezielt daran gearbeitet werden. Im zweiten Fall hilft es unter anderem, sich einen Mitreiter zu suchen, dessen Pferd Tor 62 aktiviert hat. Dieses Pferd braucht eine Aufgabe, die darin besteht, ein anderes Pferd entspannt ins Gelände zu begleiten.

TIER-DESIGN-READING IN DER PRAXIS

Ein Tier-Design-Reading kann das Pferd und seinen Menschen auf neue Gedanken bringen. Es liefert Erklärungen und stärkt die Bindung zueinander. Dazu findet ein Kennenlerngespräch statt, in dem die Vorgehensweisen und Fragen besprochen werden, bevor für die Analyse die Daten des Pferdes und spezifische Fragen weitergegeben werden. Die Auswertung enthält ein für Ihr Pferd individuell geschriebenes Skript, das anschließend im persönlichen Gespräch erörtert wird. Wichtig ist zu verstehen, dass das Tier-Design-Reading zwar bei Erkrankungen unterstützen kann, jedoch keinen Tierarzt ersetzt.

Foto: Elisa Stützenberger

Katharina Beier ist Pferdeosteopathin, Futterberaterin und Reitlehrerin. Ihr Herz schlägt für die ganzheitliche Betrachtung der Gesundheit von Pferden. Besonders wichtig ist ihr, die Beziehung zwischen Halter und Tier zu betrachten und zu stärken. Dafür setzt sie auf Tier-Design-Reading. Durch zahlreiche Weiterbildungen und jahrelange Praxiserfahrung hat sie einen Blick für die versteckten Details im System eines Pferdes entwickelt und findet Lösungen, um Tier und Halter gemeinsam in Balance zu bringen und zu halten.

www.pferde-in-balance.com

10 Jahre Pferdeklappe

Rettung für Notfelle

von Martina Kiss

Pferde und ihre Haltung sind heutzutage ein teures Hobby geworden, das man gern betreibt, wenn man es sich leisten kann. Da die Preise von Futter und Haltung, aber auch die Tierarztkosten immer weiter steigen, kann das einen Pferdebesitzer schon an den Rand seiner finanziellen und psychischen Möglichkeiten bringen. Wohin kann ich mich wenden, wenn ich mir mein Pferd nicht mehr leisten kann? Was, wenn das Pferd älter und krank wird und man selbst keine Möglichkeiten mehr sieht? Für echte Notfälle gibt es die erste Pferdeklappe e. V. in Schleswig-Holstein.

Norderbrarup, eine kleine Gemeinde in Schleswig-Flensburg, Kreis Schleswig-Holstein, bekannt durch die Entdeckung einer Wikinger-Siedlung, aber es ist auch die Heimat der ersten Pferdeklappe Deutschlands. Wer sich sein Pferd nicht mehr leisten kann oder das Tier (aus einer Not heraus) nicht mehr halten kann, kann sich an die Pferdeklappe wenden. Kein leichter Schritt für einen Pferdebesitzer, der sein Pferd von Herzen liebt.

Doch was passiert, wenn man sein Pferd in die Obhut der Pferdeklappe abgibt? Zunächst vorweg: Die Pferdeklappe ist weder ein Gnadenhof noch eine Tierklinik. Sie ist ein Verein, wo Pferde aufgenommen werden, die wieder vermittelt werden.

Fotos: Martina Kiss

Wie alles begann

Doch wie ist die Idee zur Pferdeklappe entstanden? Als erste Ansprechpartnerin steht eine Frau, die ein ebenso schweres Schicksal hatte wie viele ihrer Klappenpferde – Petra Teegen. Wo andere verzweifeln, hat sie ihr Schicksal tatkräftig in die Hand genommen.

Die Mutter von drei Kindern und Besitzerin dreier Pferde wurde von ihrem Mann verlassen. Als Alleinerzieherin arbeitete sie nachts als

Krankenschwester, um tagsüber für die drei Söhne da zu sein. Petra Teegen hat für die Familie den Hof gekauft und mit ihrer Freundin Doris Gildemeister, der heutigen 2. Vorsitzenden des Vereins, diesen zu einem Reitstall ausgebaut. Doris gab Reitunterricht. Anfangs ging es Petra Teegen nur darum, ihre Familie und ihre Pferde zu erhalten. „Es ging mir so richtig schlecht. Damals habe ich mir geschworen, dass, wenn es mir wieder richtig gut geht, ich dann auch anderen helfe", so Petra Teegen. 2010 kam der nächste Schicksalsschlag. Sie brach sich bei einem Unfall drei Wirbel der Halswirbelsäule und konnte nicht mehr als Krankenschwester arbeiten. Der Reitbetrieb lief wie am Schnürchen. Noch im selben Jahr schaffte sie es, das Haus schuldenfrei zu bekommen. Nebenbei wurde eine Reithalle gebaut und der Hof gepflastert. Um Geld zu verdienen, schrieb sie Bücher und entwickelte eine Kräutersalbe gegen Neurodermitis. „Diese hilft auch bei Pferden gegen Sommerekzem. Ich hätte reich werden können, hätte ich die Salbe vermarktet, aber da hätte ich keine Zeit mehr für meine Pferde gehabt", erzählt die fröhliche Pferdeliebhaberin und lacht.

Eines Tages fragte eine verzweifelte Freundin, ob sie ihr helfen könne, indem sie ihr Pferd übernimmt. Petra nahm das Pferd entgegen, damals noch gegen 500 Euro Schutzgebühr, um die Futter- und Tierarztkosten zu decken. Es sprach sich herum, und daraufhin folgten im Lauf der Zeit immer mehr Pferde, die von Petra und ihrem Team gerettet wurden.

Der Zufluchtsort

Am 1. Juli 2013 wurde der Verein „Erste Pferdeklappe e. V." von Petra Teegen (1. Vorsitzende des Vereins) und Doris Gildemeister (2. Vorsitzende) gegründet, und mit Fabro (heute 27 Jahre) kam das erste Klappenpferd aus Köln. Auch Tierärzte des Veterinäramtes fragten bei der Pferdeklappe an. Im ersten Jahr wurden rund 60 Pferde aufgenommen, aufgepäppelt und medizinisch versorgt. Die Klappe teilt sich in vier Bereiche auf: die Klappe im Allgemeinen – das ist ein Areal am Hof, wo die Pferde aufgenommen, versorgt und weitervermittelt werden. Die Notbox, eine Weide abseits, auf der man sein Pferd anonym hinstellen kann. „Lieber ist es uns, wenn sich die Menschen mit uns in Verbindung setzen und wir persönlich mit ihnen sprechen können, denn es gibt immer eine Lösung und wir lassen niemanden in Stich", so Petra Teegen. Der dritte Bereich ist das Waisenhaus, in das nur Pferde von Verstorbenen aufgenommen werden, und der vierte Bereich ist die letzte Koppel, auf der Pferde in ihrem letzten Lebensabschnitt bleiben können.

Wer anonym bleiben will, hat die Möglichkeit, sein Pferd auf die Notbox-Weide zu stellen, einen Überlassungsvertrag zu unterschreiben und ihn mit dem Equidenpass in die dafür vorgesehene Box neben der Weide zu werfen. *Fotos: Martina Kiss*

Voraussetzung der Aufnahme und Abgabe

In der Pferdeklappe darf nur ein Pferd aufgenommen und anschließend vermittelt werden, dessen Besitzer in Not geraten ist, und das Pferd darf nicht älter als 20 Jahre sein. „Wir stellen den Menschen neben das Pferd, nicht dahinter, und machen die Not der Pferde an den Menschen fest. Die Erfahrung zeigt uns, dass hinter jedem traurigen Pferdeschicksal ein noch traurigeres Menschenschicksal steht", so Petra Teegen. „Die Menschen, die sich an uns wenden, sorgen sich um ihre Tiere und wollen das Beste für sie. Da ist ein Paar, das sein ganzes Geld für den Tierarzt und die Klinikaufenthalte ausgegeben hat und das finanziell mit dem Rücken zur Wand stand. Die beiden haben aber auch erkannt, dass ihr Pferd dort, wo es stand, bis an sein Lebensende Medikamente hätte nehmen müssen, weil es Equines Asthma hat. Schweren Herzens haben sie sich an die Pferdeklappe gewandt, und diese hat für den Isländer einen guten Platz im Norden gefunden, wo er bleiben kann, weil er die Luft dort besser verträgt."

So hat jedes Klappenpferd seine eigene Geschichte, die Petra Teegen aufschreibt, und wer darüber lesen will, kann sich bei der Pferdeklappe Bücher mit Klappenpferdegeschichten kaufen. Der Erlös jedes Buches kommt den Pferden der Pferdeklappe zugute.

Die Übergabe ist an ein Prozedere gekoppelt. „Wer sein Pferd zur Klappe bringt, muss einen Abtretungsvertrag unterschreiben und es an die Klappe übereignen, dann bekommt der ehemalige Besitzer eine Entgegennahmebestätigung. Die Pferdeklappe muss die Übereignung annehmen. Dann hat die Übergabe gesetzlich seine Richtigkeit.

In 98 Prozent der Fälle rufen die Besitzer bei Petra Teegen vorher an. Bringt der Besitzer das Tier zur Pferdeklappe, wird es zuerst im Quarantänestall untergebracht. Dort wird es vom Tierarzt untersucht, medizinisch versorgt und, je nach Zustand, aufgepäppelt. Wie lange die Quarantäne dauert, bestimmt der Tierarzt.

„Wir vermitteln dann weiter – wenn das Pferd gesund oder vermittlungsfähig ist. Der neue Besitzer bekommt einen Schutzvertrag, in dem steht, dass man seinen Tierarzt von der Schweigepflicht entbinden muss. Weil der Tierarzt derjenige ist, der das Tier kontrolliert, wenn wir eine Kontrolle anfordern. Tierärzte arbeiten gern mit uns zusammen, und zwar bundesweit, aber auch zum Beispiel in Dänemark, wenn ein Pferd nach Dänemark geht.

Der Schutzvertrag ist zwei Jahre gültig, und in dieser Zeit wird auch mit Fotos der Zustand des Pferdes dokumentiert. Erst nach zwei Jahren geht das Pferd an den neuen Besitzer über. Wir verlangen nichts für die Pferde, lassen uns aber die angelaufenen Kosten ersetzen.

Wir möchten, dass nicht nur das Pferd einen guten Start hat, sondern auch der neue Besitzer. Ich schreibe auch immer in die Dokumentation hinein, wenn das Pferd zum Beispiel Asthma hat oder wenn die Hufrollen kaputt sind. Ich beschönige nichts. Es werden nur klare Worte gesprochen, und die Leute können sich die Sache überlegen", erklärt Petra Teegen.

Erste Pferdeklappe e. V.

Der Verein hat innerhalb von zehn Jahren 2000 Pferde aufgenommen und vermittelt und bis August 2023 zählt er 1280 Mitglieder. Paten für die Klappen sind gern gesehen. Schon um wenige Euro kann man Pate werden und sein Patenpferd auch gern besuchen.

Seit 2017 gibt es das Pferdewaisenhaus, in das nur Pferde von Verstorbenen aufgenommen werden, die meistens von Verwandten abgegeben werden. Insgesamt stehen für die Klappenpferde 38 Boxen (inklusive 10 Notboxen), zwölf Hektar Koppeln und ein Bewegungsstall von 37 x 16 Metern bereit.

Um den Verein mit Spenden und der Organisation am Laufen zu halten, steht ein Team hinter den beiden Vorsitzenden: Aik Lorenzen, verantwortlich für den Hauptstall, Sophie Graue, Pferdewirtin, Kerstin Bautze, Kassenwartin und Betreuerin der Paten, Anke Rode, Schriftführerin, rechte Hand von Petra Teegen und Waisenhausinhaberin, dann Tamy Rogalsky und Praktikantin Alice.

Die letzte Koppel ist ein Areal von circa zwei Hektar, auf der drei bis fünf Pferde die letzte Zeit ihres Daseins verbringen dürfen. Hier kommen nur Pferde hin, bei denen das Ende absehbar ist. *Foto: Martina Kiss*

Zum Jubiläumsfest am 1. Juli 2023 kamen ehemalige Besitzer der vermittelten Klappenpferde, Spender, Sponsoren und Mitglieder. *Foto: Martina Kiss*

Auf der anderen Seite stellt sich mancher Anwärter auf ein Klappenpferd die Vergabe einfach vor. Manche Leute spenden und wollen günstig ein Pferd haben. Petra Teegen klärt dann auf: „Der Prozess ist immer der gleiche. Man muss anrufen, wenn das Pferd gepostet ist, wenn der Tierarzt da war, die Befunde auf der Website stehen, und dann kann man sich bewerben."

Zehn Jahre Jubiläumsfest

Am 1. Juli 2023 wurde das zehnjährige Jubiläum der Pferdeklappe gefeiert. Mehr als 1500 Besucher kamen, um am Flohmarkt das eine oder andere Stück für seinen vierbeinigen Liebling zu ergattern. Von neuen Lederhalftern bis zu guten Sätteln – für günstiges Geld konnte jeder etwas mitnehmen. Schnäppchenjäger kamen hier auf ihre Kosten, denn wo bekommt man schon ein echtes neues Lederhalfter für 15 Euro? Ein weiteres Jubiläum: Am Tag zuvor wurde auch das 1999. Pferd in der Pferdeklappe aufgenommen, und eine Woche später kam das 2000. Pferd. Leider gab es auch einen traurigen Rekord: Bis Mitte Juni waren es schon 126 Pferde, die in der Pferdeklappe aufgenommen wurden. „So viel hatten wir sonst immer erst im September", sagte Petra Teegen.

Pferdeklappe viral, Führungen und Katastrophenhilfe

Wer mehr über die Arbeit und die Pferde der Pferdeklappe erfahren will, kann das jeden zweiten Samstagnachmittag bei einer Führung. In Zeiten der Social-Media-Kanäle geht auch die erste Pferdeklappe viral mit einem Internetflohmarkt. Einen realen Flohmarkt gibt es jeden Mittwochnachmittag, den Petra und Doris vor Ort leiten.

Das Team der Pferdeklappe sammelt zusätzlich für Katastrophenfälle. Spricht man Petra Teegen darauf an, warum sie nicht alle Spenden für die Pferdeklappe verwendet: „Wir helfen den Pferden und den Menschen, wenn woanders die Hilfe schneller gebraucht wird. Auch wenn wir das Geld selbst gut verwenden könnten. Dieses Jahr haben wir mit den Spenden den ‚Ärzten ohne Grenzen' für die Erdbebenopfer in der Türkei und einige Wochen später in Syrien geholfen."

Wenn Petra Teegen und ihr Team nicht den Katastrophenfällen hilft, wird jeder Euro in die Rettung, die Fütterung und die Tierarztkosten der Klappenpferde gesteckt. Zurzeit werden am dringendsten Helfer benötigt, denn 50 Pferde müssen versorgt werden. Man kann auch durch eine Mitgliedschaft helfen, die nur 10 Euro im Jahr kostet. Wünschen würde sich Petra Teegen noch einen Zweipferdehänger: „Damit wir auch Pferde holen können, wenn Not am Mann ist." Ein Leben zum Wohl der Pferde.

Nähere Informationen über die Pferdeklappe
Erste Pferdeklappe e. V./Notbox Schleswig-Holstein
www.erste-pferdeklappe.de
https://www.facebook.com/PferdeklappeNotboxSchleswigHolstein/

Wer spenden möchte
Pferdeklappe e. V.
Nord-Ostsee-Sparkasse
IBAN: DE59 2175 0000 0164 4072 72

Foto: Christiane Slawik

GUT GERÜSTET?

Auswirkungen der Ausstattung auf Pferde

von Knut Krüger

Pferde können nur mit einer gut sitzenden Ausrüstung richtig gearbeitet und geritten werden. Wie aber wirkt sich die Ausrüstung auf Pferde aus? Das Verständnis darüber ist wichtig, denn Pferde gewöhnen sich an unpassende Ausrüstung dahingehend, dass sie versuchen, diesen Umstand auszublenden und Schmerzen zu ertragen. Eindeutige Anzeichen für eine Störung sind (je nach Schwere) Unwillen, Mattigkeit, Unlust, später kommen sichtbare Krankheitsbilder hinzu. Das alles sollte vermieden werden.

Die meisten Pferdemenschen vertrauen bei der Auswahl der Ausrüstung auf die Fachkompetenz der Verkäufer. Was größtenteils unbekannt ist, ist, dass Verkäufer oftmals etwas verkaufen müssen, das der Kunde haben möchte. Und das möglichst sofort, denn wenn er zum Beispiel sagt, dass es Monate dauert, bis der passende Sattel geliefert wird, springt der Kunde ab. Auch ein Verkäufer, der Ausrüstung vorschlägt, die beim Ausprobieren ungewohnt erscheint, hat oft geringeren Umsatz als derjenige, der einfach verkauft, was gewünscht ist. Es gibt Verkäufer, die würden sehr gern ihrem Gewissen und ihrer Erfahrung folgen und nur die Ausrüstung verkaufen, die für Pferd und Reiter optimal wäre. Als Ausbilder wünschte ich mir, genau diese Ausrüstung beim Unterricht vor mir zu sehen.

WAS BENÖTIGEN WIR ZUM REITEN ALS AUSRÜSTUNG FÜR DAS PFERD?

Die Grundausstattung kennt jeder: Trensenzaum, Reithalfter, Gebiss und Zügel. Dazu noch einen Sattel mit Steigbügeln, einen Gurt und eine Satteldecke.

Der Trensenzaum und das Reithalfter sowie ein Gebiss bilden das Zaumzeug. Der Trensenzaum sollte in der Größe passend für das Pferd individuell verschnallt sein (Richtlinien für Reiten und Fahren, Band 1). Augenmerk ist auf die Größe des Stirnriemens zu legen. Ist dieser zu klein, so drückt er im Bereich der Ohren dauerhaft. Eine verminderte Reaktion auf Hilfen könnte die Folge sein, bei stärkerer Störung sogar Abwehr gegen das Gerittenwerden.

Zu dem Trensenzaum wird ein Reithalfter verschnallt; gut gemeint wird oft ohne Reithalfter geritten. Die vermeintliche Freiheit für das Pferd hat aber auch Nachteile. Ist das Reithalfter richtig verschnallt, gibt es dem Pferd genug Freiheit, ohne zu stören, schützt aber das Kiefergelenk des Pferdes bei ungewollter starker Einwirkung. Nun argumentieren viele, dass sie ohnehin nur fein einwirken. Es gibt jedoch Situationen, da wird jeder stark einwirken. Absichtlich, wenn zum Beispiel das Pferd erschrickt und in Richtung auf eine gefährliche Stelle wie Straße oder gefährliche Bodenverhältnisse ausbricht. Da wird jeder versuchen,

Das Reithalfter sollte so sitzen, dass das Backenstück Abstand zur Jochbeinleiste hat. Hier liegt das Backenstück zu dicht an der Jochbeinleiste. *Foto: Christiane Slawik*

Über den Zügel hat der Reiter eine direkte Einwirkung auf das Gebiss. Je feiner die Hand des Reiters, desto weniger der Druck auf die Laden im Maul des Pferdes. Hier liegt das Backenstück auf der Jochbeinleiste. *Foto: Christiane Slawik*

das Pferd mit allen Mitteln zu bremsen. Kommt ein Schmerz im Kiefergelenk hinzu, kann diese Einwirkung das Gegenteil bewirken. Selbst wenn man das ausgeglichenste Pferd hat, kann es passieren, dass der Zügel irgendwo einfädelt und hängen bleibt. Das passiert sehr selten, aber das ist noch weit gefährlicher für das Kiefergelenk als starke Einwirkung.

Früher war das hannoversche Reithalfter weitverbreitet. Die Zucht der Pferderassen im Laufe der Zeit hat die Kopfform der Pferde verändert, sodass heute das englische Reithalfter passender ist. Wichtig ist hierbei, bei allen Reithalftern, dass das Backenstück die Jochbeinleiste frei lässt. Das dauernde Scheuern an der Jochbeinleiste kann das Pferd ebenso stören wie ein zu kleiner Stirnriemen. Der Sperrriemen zeigt nur Wirkung, wenn er so eng verschnallt ist, dass er das Pferd stark beeinträchtigt. Deshalb sollte er weggelassen werden.

DAS GEBISS

Es gibt viele verschiedene Gebisse zu kaufen, aber welches Gebiss sollte man für sein Pferd benutzen? In der Westfälischen Reit- und Fahrschule wurden uns mehrfach neue Gebisse vor der Markteinführung zur Verfügung gestellt. Das Ergebnis war immer dasselbe: Der Unterschied war bei guten Reitern kaum merklich. Bei weniger geübten Reitern war anfangs eventuell eine Verbesserung zu sehen, die relativ schnell nachließ. Gute Ausbildung zählt nun einmal viel mehr als die Gebissform. Gut kann man die Zügelführung so kontrollieren: Man schließt die Augen und fühlt, ob man taktmäßige Änderungen des Zügeldrucks in der Hand spürt. Spürt man diese, ist der Ausbilder gefragt, das zu verbessern. Generell sollte man sich selbst weit mehr gymnastizieren, als man das vom Pferd verlangt. Ich höre oftmals: Ich habe eine schlechte Seite. Da kann ich weniger gut einwirken.

Das ist viel störender für das Pferd als manche Ausrüstung. Untersuchungen im Rahmen einer Bachelorarbeit an der Hochschule für Wirtschaft und Umwelt Nürtingen-Geislingen (HfWU) haben gezeigt, dass Yoga in diesem Fall sehr hilfreich sein kann.

DIE ZÜGEL

Die Zügel sind inzwischen oftmals aus anderen Materialien hergestellt als früher. Ich bevorzuge glattes Leder. Wer Gurtzügel bevorzugt, wird bemerken, dass diese inzwischen oftmals sehr hart geworden sind. Früher waren sie aus Baumwolle gefertigt, heute aus Kunstfaser. Deshalb benötigt man nun generell Handschuhe zum Reiten. Das aber reduziert das Gefühl in der Hand, und feine Änderungen, zum Beispiel der Kopfhöhe und das Nachgeben des Pferdes bei Paraden, kann man dadurch viel schwerer spüren. Das Ergebnis kann ein Pferd sein, das zunehmend oder nur noch auf stärkere Handeinwirkung reagiert.

Das Gefühl in den Händen beim Reiten ist durch Handschuhe oft eingedämmt. Dadurch kann der Reiter feine Unterschiede in der Annahme der Hilfen weniger wahrnehmen. *Foto: Christiane Slawik*

Ein wichtiger Aspekt ist die Zügellänge. Vor Jahrzehnten war die mittlere Zügellänge (Warmblut) circa 300 Zentimeter. Inzwischen sind dies die Maxi- oder XXL-Zügel. Die Auswirkung ist, dass sich einige Pferde zu wenig nach unten dehnen können, weil die Schnalle am Widerrist anstößt. Das richtige Zügel-aus-der-Hand-kauen-Lassen bis zur Schnalle fördert die Losgelassenheit und ist die Kontrolle der Losgelassenheit. Man spürt, wenn das Pferd beginnt, den Hals aus dem Widerrist fallen zu lassen, plötzlich eine Verbesserung der Gangarten. Die Höhe des Kopfes, an der das zu spüren ist, ist von Pferd zu Pferd verschieden.

Wichtig ist hierbei, dass das Pferd diese Haltung beibehält, bis man es wieder zum Senken der Hinterhand auffordert. Wenn der zu kurze Zügel diese Tiefe aber stört, so wird auch dieser positive Effekt verhindert. Die Losgelassenheit wird viel weniger gut erreicht, was sich auf lange Sicht auf die Gesundheit des Pferdes auswirken kann. Der Reiter sitzt dann auf einem Pferd, das weniger Gewichtshilfen annimmt und im ungünstigsten Fall auch so hart sitzen lässt, dass die eigene Wirbelsäule geschädigt wird.

DIE SÄTTEL

Es gibt für die deutsche Reitlehre drei weitverbreitete Grundformen der Sättel: den Dressursattel, den Springsattel und den Vielseitigkeitssattel. Oftmals wird ein Vielseitigkeitssattel gekauft anstatt ein Dressur- und ein Springsattel. Ein Vielseitigkeitssattel ist ein Kompromiss. Benutzt man einen Vielseitigkeitssattel Schwerpunkt Dressur, so kann man kaum ausbalanciert springen. Benutzt man einen Sattel Schwerpunkt Springen, so kann man den Dressursitz nur unzureichend ausbalanciert genug ausführen (und bleibt dabei beweglich genug). Beides stört das Pferd. Zwei gute Sättel wären für das Pferd angenehmer.

Seit Mitte der 80er-Jahre haben sich Sättel mit großen Pauschen etabliert. In einer Verkaufsanzeige habe ich gelesen: „Der Sattel lässt keine Wünsche offen, ist sehr bequem und hält das Bein durch die Pauschen in Position." Ein Sattler sagte mir, als ich mit meinem Flachsitzer ohne Pauschen zum Anpassen kam: „Oh, ein alter Sattel – super –, das ist ein Sportgerät, auf dem fast niemand mehr reiten kann." Dabei gibt es zwei Aussagen, die sich durchaus ergänzen: Sportler können Flachsitzer ohne Pauschen reiten, die anderen nehmen die Pauschen und einen Tiefsitzer. Der Sitz ist in beiden Kombinationen perfekt – denken viele. Dabei kommt es jedoch auf den Sitz an. Der Sitz sollte ein ausbalancierter, losgelassener Sitz sein. Pauschen, die den Sitz strecken, verhindern die Losgelassenheit und fördern das unausbalancierte Sitzen.
„Egal", denkt nun mancher Reiter, „ich kann gut damit sitzen." Betrachtet man die Auswirkung auf das Pferd, so sieht es ganz anders aus:

Jeder, der so einen Sattel mit Pauschen benutzt, möge von vorn zwei Finger nehmen und die Pauschen nach vorn ziehen. Dabei beobachtet man den Hinterzwiesel, also den hinteren Bereich des Sattels. Er wird nach unten bewegt. Das Pferd bekommt so Druck auf den empfindlichsten Teil des Rückens. Man kann sich vorstellen, was passiert, wenn das Knie voll

Foto: Knut Krüger

Ist die Aufhängung der Steigbügel für den Reiter zu weit vorne angebracht, ist ein Leichttraben im Gleichgewicht unmöglich oder nur mit hohem Absatz möglich. Den Unterschied kann man fühlen: Man schiebt den Steigbügelriemen nach hinten, auf die geöffnete Sturzfeder. Wer jetzt fühlt, dass er besser im Gleichgewicht leichttraben kann, hat einen für sich, zumindest leicht, unpassenden Sattel. Ist noch Platz zur geschlossenen Sturzfeder, kann man den Platz mit dem dicken Verschluss eines oder zweier Kabelbinder ausfüllen, um den Steigbügelriemen hinten zu halten. Selbst dieser halbe Zentimeter ist deutlich zu spüren.

Der Sattel sollte immer auf den Pferderücken und den Reiter angepasst sein, anstatt nur bequem für den Reiter zu sein. *Foto: Christiane Slawik*

dagegenpresst, damit das Bein gestreckt ist, oder wenn das Knie den nach hinten gelehnten Oberkörper halten muss. Vom Pferd abgesehen, klagen viele Dressurreiter über Hüftschmerzen, oftmals ausgelöst durch den Druck, den das Hüftgelenk über die Knie erhält. Ich kenne das von mir selbst, als ich ein Pferd in Beritt hatte, weil die Besitzerin wegen Hüftschmerzen in der Klinik war. Am Vormittag habe ich das Pferd geritten. Abends, lange nach dem Reiten, bemerkte ich Schmerzen in der Hüfte. Am nächsten Tag noch mal, und als ich dann meinen Sattel ohne Pauschen genutzt habe, waren die Schmerzen verschwunden.

Zum Innenaufbau: Die Kopfeisen sind oftmals kürzer geworden, auch das erschwert ein Anpassen. Um Kosten zu sparen, wird inzwischen das Kopfeisen gebogen, ohne den Sattel zu öffnen. Das ist eine gängige Praxis und kann zum Knicken im Kopfeisen führen, das dann wieder auf den Widerrist drückt.

Beim Springsattel gilt Ähnliches wie beim Dressursattel. Der optimale Sattel für das Pferd nennt sich Close-Contact-Sattel. Er besteht aus wenig Pauschen, weit vorgeschnitten, und einem flachen Hinterzwiesel, der es erlaubt, sich auszubalancieren und das Gesäß für den Sitz über dem Sprung weit nach hinten zu verschieben.

Die Sitzform hat sich inzwischen zu einem umgedrehten, leicht abgerundeten V mit einer schmalen Sitzfläche verändert. Sehr bequem zu reiten. Früher war das ein umgedrehtes U mit einer breiten Sitzfläche. Diese Sattelform ermöglichte es, die Kissen durchgängig breit zu gestalten. Das umgedrehte V verlangt aber am tiefsten Punkt des Sattels eine Verschmälerung des Kissens – unbequemer für das Pferd, bequem und teuer für den Pferdebesitzer. Teuer deshalb, weil die Sättel dadurch viel öfter angepasst werden müssen, laut Auskunft eines Sattlers, und auf viel weniger Pferden einzusetzen sind als die älteren Modelle mit U-Form.

Ein Tiefsitzer lässt nur eine einzige Sitzposition zu, egal ob das Pferd die Hinterhand senkt oder hebt. Der Reiter sitzt immer genau über einem Wirbel, im Gegensatz zum Flachsitzer, der eine leichte Anpassung senkrecht zur Unterlage zulässt. Auch das belastet den Pferderücken zusätzlich.

Zu sehen sind diese Auswirkungen an der Rückenmuskulatur. Sie ist fast immer niedriger als die

Dornfortsätze in der Mitte. Die Auswirkungen beim Reiten sind, dass die Pferde feine Gewichtshilfen kaum noch spüren, weil der Rücken verspannt ist und eventuell sogar schmerzt. Damit ist eine handorientierte Reitweise unumgänglich.

SATTELDECKEN UND SATTELAUFLAGEN

Ein Sattel ist eigentlich nur für eine Stärke der Satteldecke optimal angepasst. Verändert man die Dicke der Satteldecke, so ändert sich der Schwerpunkt des Sattels etwas. Auflagen auf den Sattel, die das Reiten angenehmer werden lassen, verringern dabei das Gefühl für das Pferd. Eventuell verändern sie sogar die Sitzfläche derart, dass ein gerader Sitz verhindert wird.

Bei allen Abweichungen eines korrekt liegenden Sattels, zum Beispiel eines Flachsitzers ohne Pauschen mit Langgurt, ist es möglich, dass die Reiterhüfte so hingestellt wird, dass die eigenen Wirbel schief aufeinanderstehen. Das ist verschleißträchtig und vermindert die Möglichkeit, weich auszusitzen. Ein für den Reiter passender Sattel stellt das Becken beim Hinsetzen in der Mittelpositur automatisch gerade, so als ob man aufrecht steht.

Der Kurzgurt hat den Vorteil, dass der Oberschenkel – bei jeder Gurtlänge – störungsfrei in Kontakt aufliegt. *Foto: Christiane Slawik*

DER GURT

Eine weitere Änderung betrifft die Gurtung. Der Kurzgurt ist inzwischen der Gurt der Wahl. Er ist bequem, da die Schnalle außerhalb des Oberschenkels liegt. Beim Langgurt gibt es nur circa drei Löcher, an denen die Gurtschnalle wenig zu spüren ist. Das kann man durch die entsprechende Gurtlänge beeinflussen. Die Auflagefläche am Pferd ist aber beim Kurzgurt geringer, was zu einer ungünstigen Druckverteilung im Bereich des Bauches führt. Ein weiterer wichtiger Punkt ist die Anbringung und die Anzahl der Gurtstrupfen. Beim Kurzgurt sind es meist nur zwei, manchmal kann man zwischen hinten und vorn mit dem Angurten variieren. Weit mehr Variationen hat man mit dem Langgurt, eventuell sogar mit vier Gurtstrupfen. Hier kann man den Sattel viel besser dem eventuell durch Training veränderten Rücken anpassen. Ein besser anpassbarer Sattel wirkt sich positiv auf das Pferd aus.

FLIEGENSCHUTZ

Manchmal ist es nötig, einen Fliegenschutz aufzusetzen. Hier gilt: Je weniger, desto besser. Augen und Nüstern, also der gesamte Gesichtsbereich, sollten so weit wie irgendwie möglich frei bleiben, um dem Pferd die Wahrnehmung der Umwelt optimal zu ermöglichen. Auch eine Störung der Allgemeinbefindlichkeit durch die Bedeckung des Gesichts wird diskutiert. Ist ein Fliegenschutz im Bereich der Nase nötig, um Headshaking zu verhindern, liegt meist eine Erkrankung durch unrichtiges Reiten und/oder Verletzung vor.

DIE KLEIDUNG

In den letzten Jahren hat sich die „Grip"-Reithose durchgesetzt. Eine Win-win-Situation für den Kunden und den Hersteller. Der Kunde hat einen festen Halt, der Hersteller spart Material und maximiert den Gewinn. Doch der feste Halt durch die Grip-Hose hat mehrere Nachteile: Der wichtige Balancesitz kann am besten mit einer rutschigen Reithose erlernt werden. Ein Umlegen der Beine zur korrekten Hilfengebung wird jetzt auf den Unterschenkel begrenzt. Die Gewichtshilfe durch Zurücklegen des äußeren Oberschenkels bleibt aus.

Der innere Zügel zum Abwenden ist dadurch das einzige Mittel, das Pferd zu steuern. Beim Springen ist ein korrekter klassischer Springsitz deshalb völlig

Ein korrekt ausgebildetes Pferd benötigt nur eine Zäumung auf Wassertrense und einen Sattel mit Zubehör.

Foto: Olof Storm

unmöglich geworden. Das Pferd muss jetzt den nach vorne geneigten Oberkörper des Reiters ausgleichen. Vorhandfehler sind die Folge davon. Zusätzlich wird der Sattel viel mehr abgescheuert als mit den Hosen, die früher getragen wurden. Wer zur Überprüfung des Balancesitzes eine Leggins anzieht und sich unsicher fühlt, sollte damit die Balance üben.

ZU VIEL AN AUSRÜSTUNG?

Wenn es unbedingt erforderlich ist, kann man dem Pferd Gamaschen zum Schutz der Beine anziehen. Bandagen sind nutzlos und erwiesenermaßen schädlich, weil sie das Bein überhitzen. Eine Stützfunktion für Sehnen ist bei Gamaschen und Bandagen unmöglich, ohne die Blutzirkulation drastisch zu unterbinden. Jegliche zusätzliche Ausrüstung ist wenig nützlich, und schon ein nötiges Martingal deutet auf Ausbildungsmängel hin. Bei Reitanfängern kann auf Anweisung des Ausbilders mehr Ausrüstung schon hilfreich sein.

Nur ein gut und richtig ausgestattetes Pferd und ein Reiter in Kombination mit richtiger Kleidung und guter Gymnastizierung wird einem das wunderschöne Gefühl der Harmonie beim Reiten ermöglichen – ein Pferd, das die geforderten Lektionen auf leichteste Hilfe weich und geschmeidig ausführt und auf dem man viel Zeit hat, den Sitz und die Einwirkung immer wieder zu verbessern.

Mein Wunsch wäre es, dass die Pferde einen „Schalter" hätten, mit dem ich einmalig diesen Gang und die Gelassenheit des Pferdes für wenige Minuten anschalten könnte. Jeder, ohne Ausnahme, würde alles darangeben, das wieder zu erreichen.

Foto: Knut Krüger

Knut Krüger lernte bei Paul Stecken die korrekte, schonende Ausbildung von Pferden aller Sparten. Paul Stecken legte Wert darauf, junge und ältere Pferde immer wieder in Dehnungshaltung zu reiten und im entsprechenden Alter langsam auf die Versammlung mit Hankenbeugung in relativer Aufrichtung vorzubereiten. Knut Krüger unterrichtet nach der Skala der Ausbildung und der H.Dv. 12 (1926). Ein weiterer Schwerpunkt ist die Rekonvaleszenz von Pferden.
www.knut-krueger.de

Kompensationswunder Pferd

Teil 1

Probleme im Bewegungsapparat erkennen und Anatomie verstehen

von Diana Tiebes

Foto: Diana Tiebes

Läuft der noch, oder kompensiert er schon? Um diesen manchmal feinen Unterschied erkennen zu können, braucht es gute Beobachtungsgabe, Einfühlungsvermögen und ein gewisses anatomisches Wissen über biomechanische Zusammenhänge und den Körperbau des Pferdes. Ich spreche hier nicht von einem deutlich lahm gehenden Pferd, auch offensichtliche Taktfehler sind nicht gemeint, sondern feine, nahezu ausgeklügelte Kompensationsmechanismen, die der Vierbeiner eben so auf Lager hat.

Zu den ausgleichenden Möglichkeiten der Gewichtsverlagerung und damit „Verstecken“ von Schmerzen oder Einschränkungen hat das Pferd zudem auch noch andere Motivationen, seine Baustellen zu verheimlichen. Als Flucht- und Lauftier sind es gar lebenserhaltende Maßnahmen, seine Wehwehchen nicht zu zeigen und stetig weiterzulaufen, um die Nahrung zu sichern, seiner Herde zu folgen und nicht als Erstes von einem Beutegreifer ausgesucht und erfasst zu werden.

Auch in der heutigen Haltung hat das Pferd diese eingebauten Kompensationsmechanismen nicht abgelegt, noch immer sind Lahmheiten und Schmerzen, wenn nicht durch ein akutes Trauma verursacht, erst nach einiger Zeit deutlich zu sehen, obwohl sich diese schon durch kleine Anzeichen früher hätten erkennen lassen. Umso wichtiger sind das genaue Hinsehen und Verstehen. Manche Pferde laufen auch noch mit deutlichen Schmerzen nahezu lahmfrei. Aber eben nur nahezu. Im Folgenden werden „Stellen“ am Pferd beschrieben, die auf frühzeitige Probleme hinweisen können. Leider ist es auch so, dass eine Disharmonie oder Störung die nächste nach sich zieht. „Negative Reflexschleife“ nennt Tanja Richter das.

Eines möchte ich dennoch mit auf den Weg geben: Ein perfekt symmetrisches Pferd gibt es nicht. Wenn ich im Text von „Ungleichheiten“ oder „Asymmetrien“ spreche, dann wird zwar vom Idealbild ausgegangen, um Vergleiche zu haben, aber die vollendete Perfektion bleibt unerreichbar, handelt es sich doch um einen lebenden und sich wandelnden Organismus.

Die Gesamtansicht von der Seite

Die Aufzählung ist bei Weitem nicht vollständig, die typischen Schmerzzeichen werden hier nicht behandelt. Das Pferd besteht aus drei Teilen, der Vor-, Mittel- und Hinterhand. Es ist sinnvoll, sich für diese genauere Betrachtung ein paar Schritte vom Pferd zu entfernen, um ein aussagekräftiges Gesamtbild zu bekommen. Folgende Aspekte verdienen eine genauere Betrachtung und man sollte sich folgende Fragen stellen:

1. Passen diese drei Teile zueinander? Ist zum Beispiel die Hinterhand höher und das Pferd damit überbaut? Der Schwerpunkt liegt dann deutlich weiter vorn und auch die Belastung verlagert sich vermehrt auf die Vorhand; es kann zu Stauchungen der Brustwirbelsäule und des gesamten Thorax inklusive Brustbein führen. Die Vorhand, besonders die Schulter und das Fesselgelenk und der Fesselträger, leidet unter dieser Belastung.

2. Ist die Oberlinie (Dorsallinie) des Rückens verkürzt, oder zeigt das Pferd möglicherweise einen Senkrücken und damit eine zu geringe Bauchmuskelspannung? Oft geht dies einher mit rückständigen Vorderbeinen, die außerdem auf eine verspannte Rücken-Lenden-Faszie hindeuten können.

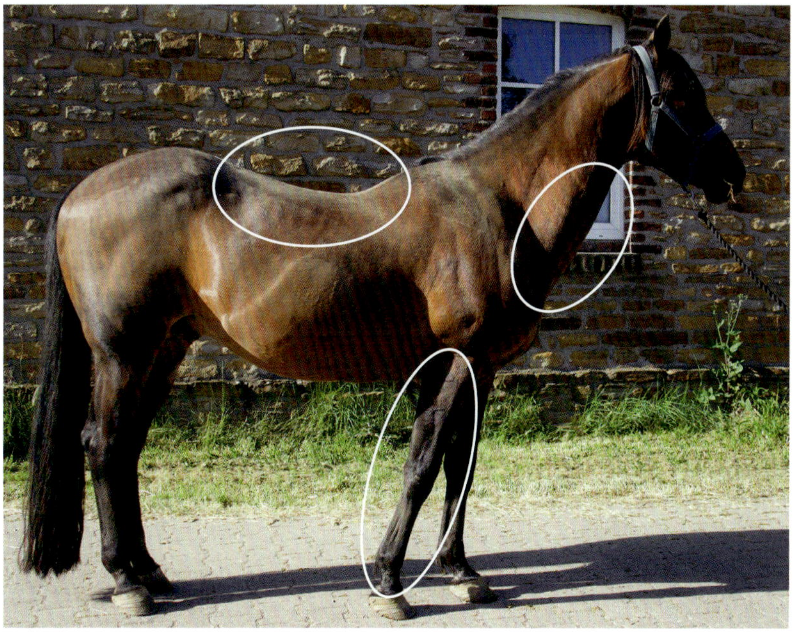

Hier sieht man einen deutlichen Senkrücken mit ausgeprägter Trageschwäche, Druck auf Thorax und Brustbein und herausgedrücktem Unterhals sowie rückstehender Vorhand. *Foto: Diana Tiebes*

Das Pferd verliert so Schwung und Tragfähigkeit. Die Vorhand wird vermehrt zur Fortbewegung genutzt, was unter anderem mit Verschleißerscheinungen der Sehnen und Fesselträger einhergehen kann (auch einseitige Rückständigkeit kommt bei Pferden häufig, vor, hier zeigen sich besonders die natürliche Schiefe des Pferdes oder einseitige Faszienverkürzungen). Auch die Biegung der Wirbelsäule wird beeinträchtigt. Dieses Bild eines verspannten oder verkürzten Rückens, oft gepaart mit einem hervortretenden Unterhals und verspannter Halsmuskulatur, weist deutlich auf Schmerz und Dauerstress des Pferdes hin. Das vegetative Nervensystem, der Part des Sympathikus, ist auf Dauerbetrieb eingestellt und erzeugt von sich aus Stress und Anspannung; der Teufelskreis beginnt und Dornfortsatzverknöcherungen können sich bilden. Das nicht stabilisierte Bauchpendel (schlaffer Bauch, möglicherweise auch zu „volumig") zieht zudem an der Wirbelsäule (besonders der Lendenwirbelsäule, denn hier sind die Organe im Bauchnetz aufgehangen). Aus diesem Grund vermeiden es diese Pferde, zu traben, da der Bauch aufgrund fehlender Spannung der Muskeln regelrecht hin und her schwenkt, auch ein Galopp wird häufig verweigert.

Der Karpfenrücken

Zuchtstuten zeigen dies häufig, aber auch ein trageerschöpftes Pferd neigt dazu, da der Körper des Pferdes bei Schwäche des Trageapparats kompensatorisch dazu neigt, die Wirbelsäule von hinten anzuheben. Wie gesagt, hängt an der Lendenwirbelsäule das große Bauchnetz, das die Organe trägt, auch das noch im Mutterleib liegende Fohlen ist hier „aufgehängt". Daher ist also eine Mobilisation der Wirbelsäule, gutes Bauchmuskeltraining und Stärkung des Trageapparats (dazu später mehr) nötig; sollten hier schon Verknöcherungen stattgefunden haben, ist Vorsicht geboten bei der Mobilisation. Weitere Ursachen für einen Karpfenrücken kennen vor allem Kutschpferde, sie haben durch das Ziehen der schweren Gewichte oft einen Buckel, da sie vermehrt mit den Hinterbeinen untertreten und ordentlich Last dabei aufnehmen müssen.

Ist die Hinterhand untergeschoben?

Die untergeschobene HInterhand kann ebenso auf Rückenschmerzen hindeuten, da hier eine Entlastung des Rückens in der Tragfähigkeit erfolgen soll, zudem kann es auch Angst anzeigen, die Kruppe wirkt dadurch sehr steil.

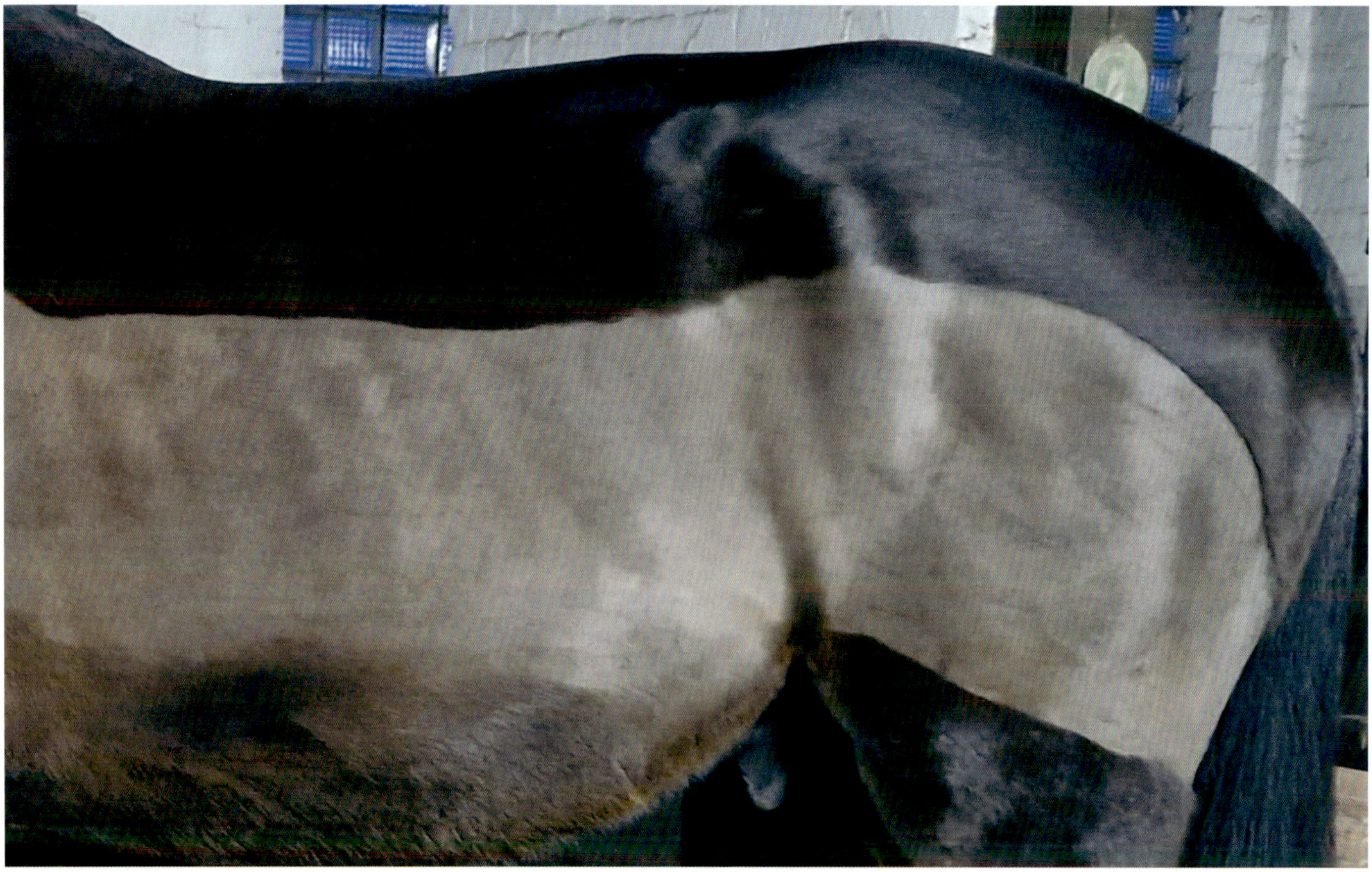

Der Karpfenrücken: Eine aufgewölbte (in Flexion fest stehende) Lendenwirbelsäule macht einen „Buckel" im hinteren Bereich des Rückens. *Foto: Diana Tiebes*

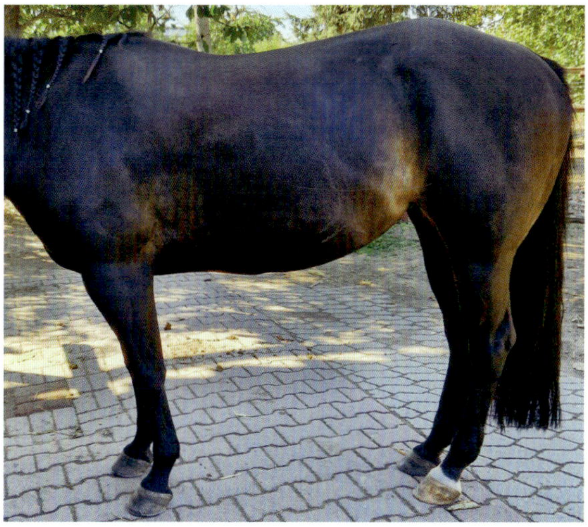

Eine untergeschobene Hinterhand kann als Stütze für einen schwachen Rücken dienen. *Foto: Diana Tiebes*

Ein zu gerades Hinterbein

Ein zu gerades Hinterbein kann durch eine Überanspannung der Hosenbeinmuskulatur kommen. Die Knie und Sprunggelenke werden dadurch vermehrt gestreckt, was im Folgenden zu Gelenkproblemen führen und den Gang des Pferdes beeinträchtigen kann, da kaum Schwung oder Lastaufnahme der Hinterhand möglich sind.

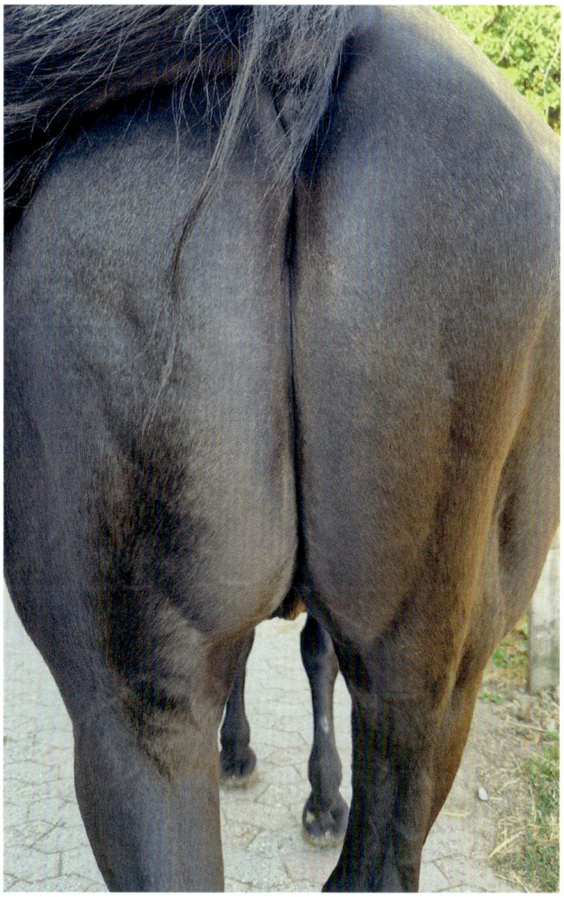

Eine stark verspannte Hinterbackenmuskulatur wird auch „Hamstrings" oder „Ischiocrurale Gruppe" genannt. *Foto: Diana Tiebes*

Das Pferd von vorn

Die Brustmuskulatur

Manche Pferde haben unregelmäßig bemuskelte Brustmuskulatur *(M. pectoralis)*. Ich sage dazu oft schmunzelnd „verschiedene Körbchengrößen". Hier kann man deutlich erkennen, welches das stärkere Vorderbein ist und welches regelmäßig geschont wird; auch kann dieses Anzeichen auf eine Blockierung des Übergangs von Halswirbelsäule zur Brustwirbelsäule (CTÜ = cervikothorakler Übergang) hindeuten.

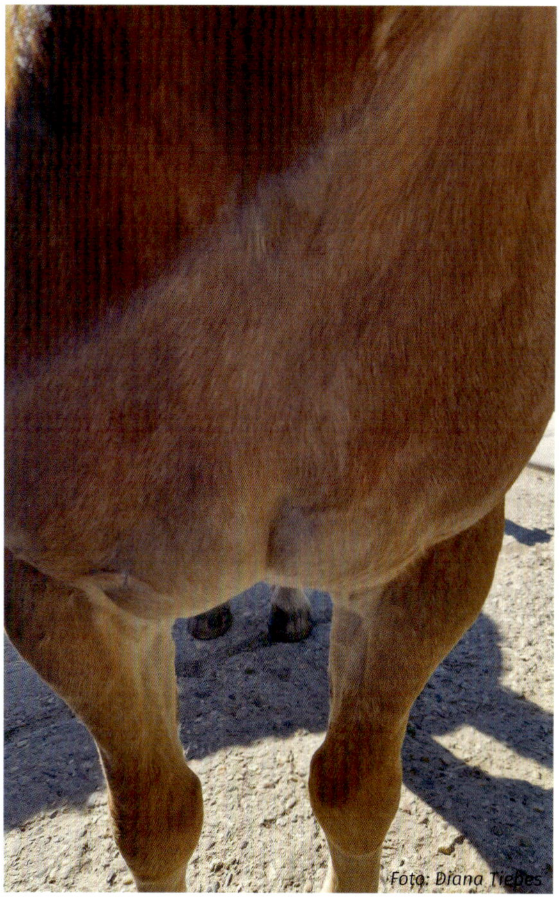

Foto: Diana Tiebes

Zehenenge und zehenweite Stellung

Zehenenge kann ein Hinweis auf verspannte (hypertone) Brustmuskulatur sein, ob durch Atemwegsprobleme oder durch eine erhöhte Anspannung der Tragemuskulatur und damit einhergehenden Schulterfaszienverklebungen. Das Pferd fußt dadurch außen über den Huf und die Fessel ab, was im Folgenden zu starken Beeinträchtigungen auf diesen Strukturen führen kann.

Zehenweit kann bedeuten, dass das Pferd seine Standfläche vergrößern will. Leider kann es zur

Schädigung des Fesselträgers und des Fesselgelenks kommen, die Ellbogen werden vermehrt an den Rumpf gezogen, was einen klammen Gang zur Folge hat. Eng anliegende Ellbogen können zudem auf Magenprobleme hindeuten oder auf eine Trageschwäche, weil die angezogenen Ellbogen versuchen, den Brustkorb zu stabilisieren.

Das Pferd von hinten

Die Kruppe

Welche Seite steht höher oder ist eine Seite stärker ausgeprägt? Nur von hinten betrachtet kann man hier schon sehr deutlich erkennen, welches die starke Seite und welches das schwache Bein ist. Die Rundung der Kruppe sollte natürlich symmetrisch rund sein und keine Kanten aufweisen, die durch die Kreuzbeinhöcker verursacht werden, wenn die Kruppenmuskulatur zu schwach ausgeprägt ist. Diese ist für die Streckung der Hinterbeine verantwortlich und sagt viel über Kraft und Schwung aus.

Die Haltung des Schweifes

Oft halten Pferde den Schweif in der Bewegung zu einer Seite (dies ist im Stand nicht oder kaum zu beurteilen und Araber zeigen dies vermehrt als rassetypisches Bild). Das kann durch ein ehemaliges Trauma verursacht worden sein, bei dem Gewebe so beschädigt wurde, dass diese Haltung auf Dauer so bleibt. Tritt dies aber plötzlich oder immer wieder auf, kann das auf Schmerzen hindeuten, da ein Pferd den Schweif zur schmerzenden Seite trägt, aber auch Verkürzungen der Kruppenmuskulatur können den Schweif zu einer Seite ziehen.

Die Hosen- oder Hinterbackenmuskulatur

Zunächst sollte man den Vergleich anstellen, ob beide Seiten gleich bemuskelt sind. Besteht längere Zeit eine Schwäche eines Hinterbeins, kann man das deutlich an der fehlenden Ausbildung erkennen; diese Seite ist schmaler, oft innen und auch außen am Bein. Knieprobleme, schmerzende Lastaufnahme oder Spaterkrankungen können zum Beispiel die Ursache sein. Manchmal ist es auch der Hinweis auf die natürliche Schiefe des Pferdes, die aber durch korrektes Reiten nicht so sichtbar sein dürfte. Generell sollte die Muskulatur geschlossen sein. Bei manchen alten oder sehr abgemagerten Pferden kann man regelrecht hindurchgreifen. Hier fehlt deutlich die wichtige Muskulatur. Solche Pferde haben an Kraft und Tragfähigkeit schwer eingebüßt.

Sind beide Seiten sehr verspannt, schmerzhaft beim Ausstreichen oder gar hyperton (übermäßig

Das rechte Hinterbein ist das stärkere, zu sehen an der deutlich besser ausgeprägten Muskulatur innen. *Foto: Diana Tiebes*

ausgebildet und fest) wie auf dem Foto, kann dies durch Unterschieben der Hinterhand unter den Schwerpunkt und Stabilisieren der Wirbelsäule durch Trageschwäche kommen.

Stetiges Entlasten eines Hinterbeins

Wenn auffällig oft ein Hinterbein entlastet, untergeschoben oder zur Seite ausgestellt wird, vermeidet das Pferd auf diese Weise eine Lastaufnahme. Dies deutet stets auf Schmerzen und Kompensation hin, möglicherweise liegt es auch an Wurzelreizungen der Nerven der hinteren Wirbelsäule. Ein Einfordern von „geschlossenem Stehen" ist eine sehr sinnvolle Übung, oben beim Halten in einer Reitübung, beim Putzen oder im Bodenarbeitstraining, da das Pferd das Gewicht gleichmäßig auf alle vier Beine verteilen muss. Oft geübt (wirklich oft, denn einmal eingebaut, stehen solche Pferde nahezu immer so), speichert das Gehirn dies irgendwann ab, und so kann der Körper lernen, wie der physiologische Stand sich anfühlt. Sollte das nicht möglich sein, ist fachmännischer Rat einzuholen, da es sich dann um Schmerzen und Bewegungsstörungen handelt, die abgeklärt werden sollten.

Sinnvoll ist es, regelmäßig Fotos seines Pferdes zu machen. Circa alle vier Wochen sollte das Pferd an immer den gleichen, möglichst ebenen Ort mit unifarbenem Hintergrund gestellt und von beiden Seiten sowie von vorn und von hinten, möglicherweise auch von schräg oben, fotografiert werden. So lassen sich Veränderungen, egal ob zum Positiven wie auch zum Negativen, besser festhalten und dokumentieren; außerdem sieht der Besitzer sein Pferd täglich und kann leichte Veränderungen oft nur schwer erkennen.

Bleiben Sie neugierig

Ich könnte noch endlos weiterschreiben, von schwachen Knien, die dann wenig gebeugt werden und durch Unterbemuskelung des *M. quadriceps* entstehen können, die auf Dauer zu Arthrose führen, von Blinddarmstörungen, die man möglicherweise am zu kurz und zur Seite fußenden rechten Hinterbein erkennen kann, von den Top Ten der Ursachen für Rückenschmerzen oder von Zungenbeinen, die zu einer Seite im Kiefer ziehen und eine gute Stellung beim Reiten beinahe unmöglich machen, aber nur selten erkannt werden. Die Liste ist unfassbar lang und nie wirklich zu Ende, Pferde sind eben wahre Meister im Verbergen von Einschränkungen und Schmerzen. Daher bleiben Sie neugierig, lesen Sie ein paar gute Beiträge über Anatomie und Zusammenhänge im Pferdekörper oder zum Thema Biomechanik und schauen Sie sich Ihr Pferd bitte öfter mal genauer an und hinterfragen Sie auch mal Unbequemes. Sie können davon nur profitieren, und ganz besonders Ihr Pferd.

FORTSETZUNG FOLGT
–
Auffälligkeiten an Kopf und Hals

Diana Tiebes ist geprüfte Osteopathin für Hunde und Pferde, TCVM-Therapeutin und Dozentin für Diätetik nach den fünf Elementen und für Heilpflanzenkunde am Ausbildungszentrum für TCVM von Stephanie Reineke sowie geprüfte Tierheilpraktikerin und Fachbuchautorin. Sie bietet regelmäßig Kurse für Pferdebesitzer und Trainer zum Thema „Kompensationswunder Pferd", ebenso Seminare zum Thema Akupressur für Hunde und Pferde an. Seit über zehn Jahren führt sie eine eigene mobile Praxis und lebt am Rande des Ruhrgebiets.
www.tierheilpraxis-tiebes.de

Pferde bei Krankheit bewegen

Lasst sie nicht stehen!

von Lisa Kittler

Das liebe Pferd läuft mal wieder recht steif und klamm, ein anderes hat am Tag zuvor öfter gehustet und das nächste zeigt immer wieder eine leichte Kolik. Der hinzugerufene Fachmann empfiehlt erst einmal Boxenruhe. Auch die Stallfreundin und der Betreiber des Hofes raten dem Pferdebesitzer, seinen Vierbeiner zu schonen und vorerst nicht zu bewegen.

Größer könnte der Irrtum kaum sein, der vielen Pferdebesitzern tagtäglich in jedem beliebigen Stall bei einer ganzen Bandbreite von Problemen des Pferdes unterläuft. Boxenruhe und ein Bewegungsverbot widersprechen gänzlich der Natur des Vierbeiners. Über mehrere Millionen Jahre hinweg zogen Pferde dauerhaft ruhig schreitend und grasend im Herdenverband über weite, gerade Strecken umher. Nur gelegentlich flüchteten sie im Galopp vor Gefahr. Damals wie heute legen sie bis zu 30 Kilometer im Durchschnitt dabei zurück und verbringen lediglich maximal 20 Prozent des Tages

Laufwege wie in der Natur: Auch in der vom Menschen gestalteten Haltung sollten die Pferde beispielsweise viele Meter bis Kilometer vom Futter zum Wasser zurücklegen müssen. Das schafft leichte Bewegung, die aber nicht anstrengend ist. *Foto: privat*

im Stehen, zum Beispiel beim Ruhen, Trinken oder Abzupfen von Blättern an Bäumen.

Ihr Bewegungsapparat hat sich diesen Lebensbedingungen und den damit verbundenen Anforderungen bis zu dem heutigen Erscheinungsbild angepasst. Die menschengeprägte Nutzung des Pferdes der letzten Jahrhunderte, die einen drastischen Wandel der Lebensbedingungen mit sich brachte, hat noch keinen prägenden evolutionären Einfluss auf seinen Bewegungsapparat. Das Pferd ist und bleibt also ein Bewegungstier!

Bewegungsarmut im Pferdealltag

Doch wie sieht der Alltag des Pferdes heute allzu oft aus? Immer noch existieren viel zu viele Ställe, in denen die Pferde in Boxenhaltung stehen. Glücklicherweise gibt es immer weniger Höfe, bei denen sie dort 24 Stunden leben müssen. Doch rechnet der Pferdebesitzer einmal genau nach, ist es üblich, dass sie dort über die Hälfte des Tages zubringen müssen. Bringt das Stallpersonal die Pferde beispielsweise schon um sieben Uhr früh raus und erst um sieben Uhr abends wieder hinein, verbleiben immer noch zwölf Stunden auf engstem Raum. Und in den meisten Ställen wird erfahrungsgemäß erst später die Box verlassen, aber dafür vor allem im Winter eher wieder aufgestallt. In der Box verbringt das Pferd, gänzlich anders als in seinem natürlichen Umfeld, circa 65 Prozent der Zeit mit Stehen, den Rest mit engen Wendungen auf einem kleinen Radius. Das kann nicht gesund für den Gesamtorganismus sein!

Doch nicht nur die Boxenhaltung ist ein völlig unnatürliches Haltungskonzept, auch die Haltung auf kleinen, handtuchgroßen Außenflächen mit keinem oder aber auch mit frei verfügbarem Futter bringt kaum mehr Bewegung. Das Pferd muss sich nicht vorwärtsbewegen, um Futter zu suchen. Entweder es ist gar keines da oder aber das Gras wächst ihm auf der Wiese fast schon ins Maul. Ist auf dem Auslauf eine Heuraufe aufgestellt, kann es gemütlich an dieser parken und fressen. Die meiste Zeit verbringt das Pferd bei diesen Haltungskonzepten dann leider auch im Stehen und läuft nur wenige Kilometer am Tag.

Da der Pferdebesitzer neben seinem Hobby meist noch vielerlei Verpflichtungen wie Job, Kinder, Haushalt, Freunde und so weiter hat, kann er aufgrund von Zeitmangel nicht für einen adäquaten Ausgleich des Bewegungsmangels sorgen. Zwar verbringt der Freizeitreiter im Durchschnitt drei Stunden im Stall und dies circa vier Mal die Woche. Aber davon umfasst in der Regel lediglich eine halbe bis eine Stunde das Training des Pferdes. Dies reicht einfach nicht, um den Bewegungsapparat des Lauftiers dauerhaft gesund zu erhalten.

Stehen macht krank

Und so stehen sich die Bewegungstiere im Freizeitsektor durch ihren unnatürlichen Alltag eher kaputt, als dass sie durch zu viel Belastung Probleme bekommen. Erkrankungen des Bewegungsapparats sind deswegen auch das größte Problemfeld der Pferde. Sie beschäftigen tagtäglich ein

Dieses Pferd hat alters- und nutzungsbedingte Erkrankungen im Bewegungsapparat. Daraufhin wurde es auf die Koppel „in Rente" geschickt. Ohne angepasstes Training oder Bewegungsanreize in der Haltung hat sich die gesamte Muskulatur deutlich sichtbar zurückgebildet. *Foto: privat*

Heer von Klinikmitarbeitern, Tierärzten, Physiotherapeuten, Chiropraktikern, Tierheilpraktikern, Akupunkteuren, Ernährungsberatern, Hufpflegern, Dentalpraktikern, Sattlern und viele mehr. Dabei wäre den meisten Pferden mit ausreichend Bewegung deutlich mehr geholfen als mit den in der Regel kostenintensiven und zeitaufwendigen Behandlungen oder Therapien.

Natürlich darf nicht jedes kranke oder beeinträchtigte Pferd einfach bewegt werden. Bei Fieber, Kreuzverschlag oder Knochenbrüchen beispielsweise muss das Tier unbedingt ruhig gehalten werden. Bei anderen Thematiken, wie zum Beispiel bei Bewegungseinschränkungen, sollte der Besitzer vorher abklären, was die Ursache/-n dafür ist/sind. Dabei sind die diagnostischen Möglichkeiten (Ultraschall, Röntgenbilder, Szintigrafie und vieles mehr) von Tierärzten und Kliniken unverzichtbar. Sparen Sie hier nicht fälschlicherweise und verlassen Sie sich nicht auf bloße Vermutungen. Nur mit einer genauen Diagnose kann ein auf das Krankheitsbild angepasstes Bewegungsprogramm entwickelt werden, das die Genesung fördert.

In der Regel ist es je nach Erkrankung auch sinnvoll, den Heilungsprozess am Anfang von einem Therapeuten, wie beispielsweise einem Physiotherapeuten, anstoßen zu lassen, sodass das Pferd sich erst einmal schmerzfrei bewegen kann. Bei bestimmten Krankheitsbildern wie Arthrose oder anderen degenerativen Prozessen ist eine dauerhafte Begleitung von Fachleuten häufig nötig. Bewegung allein kann da die Symptome wahrscheinlich nicht vollständig lindern und schon gar nicht die Ursachen beheben – sehr wohl aber unterstützend wirkungsvoll eingesetzt werden.

Qualität statt Quantität

Sind eine genaue Diagnose oder eben glücklicherweise keine bestätigten Befunde von Kliniken oder Tierärzten vorhanden, sollte das betroffene Pferd so schnell wie möglich wieder in Bewegung kommen. Dieses Grundprinzip findet in der Humanmedizin in den letzten Jahrzehnten recht konsequente Umsetzung. Selbst nach einer komplizierten Operation wie dem künstlichen Ersatz des Hüftgelenks müssen die Patienten schon am Folgetag das erste Mal aufstehen und in den nächsten Tagen die ersten Strecken laufen.

Im Pferdebereich hingegen wird entgegen der Natur des Pferdes sehr häufig auf die sogenannte Boxenruhe und damit das Bewegungsverbot gesetzt – selbst wenn die Ursachen der Probleme nicht klar sind. Zum Teil sind diese Empfehlungen leider nachvollziehbar. Schaut man, wie ungesund viele Pferde zum Beispiel „laufen gelassen" oder longiert werden, wäre es nicht ratsam, den Vierbeiner auf diese Art zu bewegen. Vor allem dann nicht, wenn er schon Einschränkungen hat.

Deswegen spielt bei der Bewegung des Pferdes durch den Menschen nicht unbedingt die Quantität eine Rolle, sondern vor allem die Qualität!

Wird dieses Pferd dauerhaft so bewegt, bleibt oder wird es nicht gesund! Es belastet sein linkes Vorderbein viel zu stark in der Kurve (rote und blaue Linie). Der Rücken ist nach unten durchgedrückt (rote Pfeile) und das äußere Hinterbein schert seitlich aus der Lastaufnahme hinaus (grüner Pfeil). *Foto: Lisa Kittler*

Gezielte Bewegung

Bevor Sie Ihr krankes Pferd bewegen wollen, sprechen Sie mit den Sie begleitenden Fachleuten genau ab, welche Bewegungen förderlich sind und welche nicht. Selbst wenn Ihr Pferd, aus welchen Gründen auch immer, stehen soll, können Sie es gezielt im Stand mobilisieren. Lassen Sie sich dabei von Trainern sowie Physiotherapeuten unterstützen oder lesen Sie in entsprechender Fachliteratur. Die korrekte Ausführung der Übungen ist meist sehr entscheidend, ob Sie den Heilungsprozess unterstützen oder hinauszögern.

Eine der vielen tollen Möglichkeiten, den Bewegungsapparat Ihres Pferdes trotz „Boxenruhe" geschmeidig zu erhalten, ist zum Beispiel das Targettraining. Ihr Pferd lernt mithilfe der positiven Verstärkung (Clickertraining), einem Tennisball auf einem Stab mit verschiedenen Körperteilen zu folgen. Dadurch können Sie gezielte Dehn- oder Kräftigungsübungen einzelner Partien oder ganzer Körperseiten ausführen. Achten Sie darauf, dass Ihr Pferd dem Target langsam bis zum gewünschten Punkt folgt, dort circa zehn Sekunden ausharren kann und danach wieder langsam in die Ausgangsposition zurückkehrt. Schnelle, ruckartige Bewegungen wären eher schädlich für das angesprochene Gewebe als förderlich.

Darf Ihr Pferd die Boxenruhe beenden, ist Schrittarbeit das A und O des Bewegungstrainings. Aufgrund der Gleichmäßigkeit im Viertakt, des geringen Tempos sowie der kaum vorhandenen Erschütterungen ist der Schritt am besten geeignet, um den gesamten Pferdeorganismus wieder geschmeidig und leistungsfähig zu bekommen. Umso eher Ihr Pferd wieder in seine natürliche Bewegung übergehen kann, umso geringer werden die negativen Folgeerscheinungen des Stehens sein.

Reiten Sie in diesem Stadium bitte noch nicht, diese zusätzliche Belastung ist für die meisten Pferde nicht optimal. Sie wollen nach einer Krankheit sicherlich auch nicht gleich einen schweren Rucksack tragen.

Anfangs dürfen die meisten Pferde nur auf geraden Linien antrainiert werden. In der Halle oder auf dem Platz kann das schnell sehr langweilig werden. Gehen Sie deswegen zum Beispiel in der Natur spazieren oder nehmen Sie Ihren Vierbeiner falls möglich als Handpferd mit. In der Regel verschaffen Sie ihm dabei außerdem wesentlich mehr Bewegung als im Viereck. Bitte üben Sie das Handpferdereiten zuvor! Beide Pferde müssen sich so nah beieinander akzeptieren und unabhängig voneinander in Geschwindigkeit und Richtung leicht beeinflussbar sein.

Bei dieser Übung dehnt das Pferd die gesamte Körperaußenseite und kräftig die innen liegende. Achten Sie darauf, dass das Pferd den Kopf und Hals nicht unnatürlich verdreht, sondern schön gebogen herumnimmt. *Foto: privat*

Auf der Kreislinie

Ist Ihr Pferd dabei wieder in Bewegung gekommen, scheuen Sie sich nicht davor, es nach und nach ebenfalls auf gebogenen Linien und über Seitengänge gezielt zu gymnastizieren. Im Allgemeinen wird davon abgeraten, da der Kreis von sich aus mehr Belastungen für das Pferd mit sich bringt als eine gerade Linie. Wenn das Pferd diesen wie im Foto auf Seite 36 abgebildet läuft, können diese Belastungen die Erkrankung oder Bewegungseinschränkung sogar verstärken.

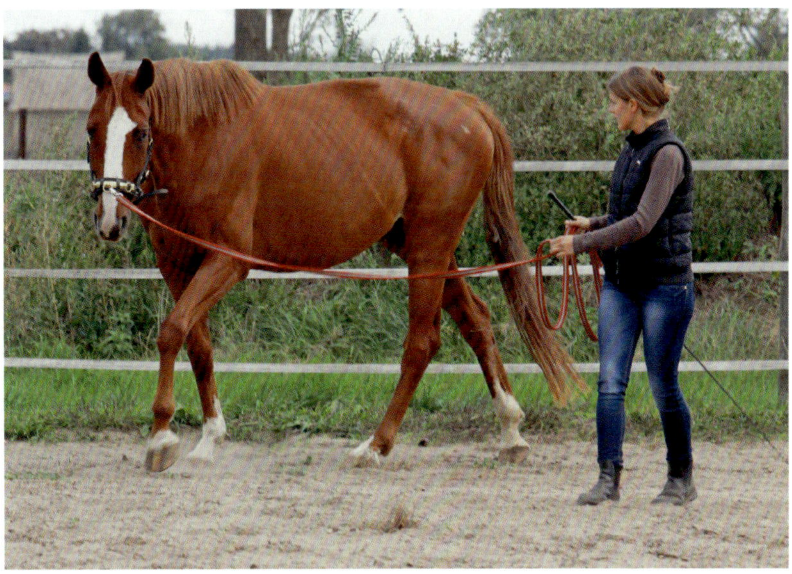

Der gesamte Pferdekörper ist auf die Kreislinie eingestellt und in Balance. So können Sie Ihr Pferd im Schritt nach einer Krankheit wieder optimal gymnastizieren. *Foto: privat*

Auswirkungen der Bewegung auf den Gesamtorganismus des Pferdes:

1. Psyche:
- wenig Stress bzw. Stressabbau (sinkender Cortisolspiegel)
- ausgeglichenes Pferd im Training

2. Gesamtstoffwechsel:
- erhöhte Aktivität
- größere Leistungsfähigkeit

→ Gesunderhaltung
→ bessere Heilung

3. Nerven:
- Vermeidung des Absterbens unbenutzter oder „abgeklemmter" Nervenzellen
- Erhalt aller Nervenfunktionen

→ volle Funktionsfähigkeit aller Strukturen

4. Atemwege:
- Lunge wird „durchlüftet"
- mehr Sauerstoff in die Blutbahnen

→ bessere Sauerstoffversorgung für gesamten Körper
→ leistungsfähigeres Herz-Kreislauf-System

5. Gelenkknorpel:
- Bildung der Gelenkschmiere (Synovia)
- „Schmierung" der dazwischenliegenden Knorpelschichten

→ weniger Reibung
→ bessere Versorgung des Gewebes (Sauerstoff + Nährstoffe)
→ Vermeidung von Gelenkerkrankungen (Arthrose, Spat)

6. Muskeln/Sehnen:
- Geschmeidigkeit + Leistungsfähigkeit der Muskeln
- Vermeidung von Zug der Muskulatur auf Sehnen + Knochen
- gutes Bewegungspotenzial = Verletzungsgefahr verringern
- optimale Versorgung (Sauerstoff + Nährstoffe) sowie Abtransport der Abfallstoffe

→ Muskelaufbau möglich
→ Muskelabbau verhindern

7. Faszien:
- keine „Verfilzungen" + Verklebungen

→ freie Beweglichkeit + Stabilität aller Strukturen

8. Lymphe:
- Vermeidung von Lymphstau (z. B. angelaufene Beine)
- verbesserter Rücktransport der Lymphe durch Muskelaktivität + erhöhten Bluttransport
- Abtransport der Abfallstoffe aus Gewebe

→ Leistungsfähigkeit der Strukturen

9. Verdauung + innere Organe:
- bessere Durchblutung
- Unterstützung der Atmung + Darmperistaltik durch arbeitende Muskulatur
- vermehrte Sauerstoff- sowie Nährstoffausbeute

→ leistungsfähiger

10. Haut + Fell + Langhaar:
- gutes Wachstum
- gesunde + widerstandsfähige Struktur
- Vermeidung von Hautkrankheiten (Pilz, Ekzem)

11. Hufe:
- „Hufpumpe" wird aktiv durch Spreizen und Zusammenziehen der Hufkapsel
- Unterstützung des Herz-Kreislauf-Systems
- bessere Versorgung des Hufes
- leistungs- und widerstandsfähigerer Huf
- ggf. kein Beschlag nötig

Am lockeren Strick läuft das Handpferd aufmerksam und ohne Belastung durch das Reitergewicht mit. So kann es trotz Krankheit oder nach einer Stehpause effektiv bewegt werden. *Foto: privat*

Kennt Ihr Pferd aber das Prinzip von Stellung und Biegung – also Balance auf dem Kreis – schon, dann können Sie es dort ebenfalls trainieren. Haben Sie es hingegen noch nicht darin geschult, ist jetzt ein guter Zeitpunkt, damit zu starten. Nehmen Sie sich am besten einen Trainer zu Hilfe, sodass Ihr Pferd sich von Anfang an anatomisch korrekt und gymnastisch wertvoll auf der gebogenen Linie bewegt.

Viele Probleme des Bewegungsapparats entstehen durch das falsche Laufen auf Kreislinien (und letztlich ist jede einzelne Ecke im Viereck oder im Wald ein Teil eines Kreises). Von allein wird das Pferd dieses Umlernen nicht schaffen, da es zum einen von Natur aus das Konzept von Stellung und Biegung nicht kennt. Zum anderen verbleiben alle Lebewesen erst einmal im von der Natur geprägten oder durch die Krankheit erlernten Laufmuster. Ein Mensch, der nach einem ausgeheilten Beinbruch die Krücken weglegt, humpelt ohne entsprechende Therapie auch Monate später noch weiter. Genauso ergeht es Ihrem Pferd. Helfen Sie ihm mit einem durchdachten Training aus diesem alten und falschen Bewegungsmuster herauszukommen und ein neues, besseres zu erlernen. Dann wird Ihr Pferd schneller wieder gesund und bleibt es in Zukunft auch.

Lisa Kittler ist mit Tieren aufgewachsen und reitet seit frühester Kindheit. In der Zeit ihres Lehramtstudiums kam ihr Pferd „Prinzessin" zu ihr – eine Stute, die für die Reitausbildung zum damaligen Zeitpunkt nicht geeignet war. Lisa Kittler absolvierte ihre Bodenarbeitsausbildungen bei Babette Teschen und Tania Konnerth und verbindet ihr pädagogisches Studium mit dem Wissen über die Pferdeausbildung. Sie arbeitet als Longenkurstrainerin, Physiotherapeutin und Systemischer, pferdegestützter Coach (nach Alexandra Lohr EQS).
www.ganzheitliche-pferdegymnastizierung.de

Mein Wesen ist die Freiheit.
Meine Persönlichkeit ist die Unabhängigkeit.
Beides brauche ich wie die Luft zum Atmen.
Atme mit mir diese Kraft,
die durch meine Adern fließt,
und genieße das Gefühl
unendlicher Liebe zum Leben.

Foto: Christiane Slawik

Kolumne

Mineralstoff-ABC

C

von Elke Malenke

Mineralstoffe sind die wichtigsten Elemente, um essenzielle Abläufe im Körper zu ermöglichen. Sie sind sozusagen der Schlüssel des Lebens und spielen eine erhebliche Rolle für die Gesundheit unserer Pferde. Eine Über- oder Unterversorgung kann langfristig fatale Folgen haben. Elke Malenke hat die für Pferde wichtigsten Mineralstoffe von A bis Z zusammengestellt und auch, was bei Unter- oder Überversorgung zu beachten ist. Diesmal ist die Gruppe C von Cadmium bis Cobalt dran.

Cadmium

Foto links: adobestock.com/Peter Maszlen, Foto rechts: adobestock.com/RHJ

Cadmium kann, ähnlich wie Aluminium, im Körper zwar nachgewiesen werden, hat aber nach dem heutigen Wissenstand keine biologische Funktion. Cadmium gelangt hauptsächlich über Industrieabgase in den Körper.

Überversorgung	Erhöhte Leber- und Nierenwerte, Anämie, Skelettstörungen
Unterversorgung	–
Supplementierung notwendig	Nein

Calcium

Foto links: Christiane Slawik, Foto rechts: adobestock.com/RHI

Calcium und Phosphor sind in ihrer Funktion eng aneinander gekoppelt. Im Körper liegen sie in einem Verhältnis von circa 2 : 1 zueinander vor. Ungefähr 99 Prozent des im Körper vorkommenden Calciums sind im Knochen gespeichert und sorgen für ausreichende Stabilität. Außerdem ist Calcium an der Erregungsleitung im Muskel und an der Blutgerinnung beteiligt. Heu und Gras liefern in der Regel ausreichend Calcium, sofern es nicht von Sand- oder Moorböden stammt. Auch bei phosphatbetonter Fütterung, wie zum Beispiel viel Weizenkleie, kann es zu einer Calciumunterversorgung kommen. Da der Calciumgehalt des Bluts im Körper immer stabil gehalten wird, kommt es bei zu wenig Aufnahme von Calcium zu einer Mobilisation aus dem Knochen, was wiederum zu Überbeinen und Brüchen führen kann. Ein Überschuss an Calcium wird vom Pferd in der Regel gut toleriert. Fütterung von Futterkalk, einseitige und übermäßige Kleefütterung oder übermäßige Mineralstoffgaben können ebenfalls zu Knochenbrüchigkeit führen.

Überversorgung	Erhöhte Leber- und Nierenwerte, Anämie, Skelettstörungen
Unterversorgung	Überbeine
Supplementierung notwendig	Nein

Liegt nicht gerade ein akuter, eindeutig erkennbarer Notfall wie eine Kolik vor, stellen sich gesundheitliche Beeinträchtigungen oft schleichend ein: Man selbst oder eine andere Bezugsperson des Tieres bemerkt, dass etwas nicht stimmt beziehungsweise anders ist als normal – ein minimales Kürzertreten, eine ab und an längere Lösungsphase oder der ansonsten mit gutem Appetit ausgestattete Ponywallach mäkelt bei seinem Belohnungskraftfutter nach dem Training. All diese kleinen Auffälligkeiten können Indikatoren dafür sein, dass gesundheitlich etwas nicht in Ordnung ist, und das sollte man hinterfragen. Die Grundlagen der klassischen veterinärmedizinischen Befunderhebung sind dabei für Pferdehalter wichtig. Doch es gibt auch andere medizinische Systeme, die ihre eigenen Verfahren zur Befundung haben, wie die APM-Therapie nach Penzel. Diese Methode ist leicht zu erlernen und anzuwenden.

Auf der Suche nach der Ursache

Zur Befunderhebung stehen diverse Herangehensweisen zur Verfügung. Auch die Anamnese, die Krankenvorgeschichte, gehört dazu. Beim Pferd beruht diese auf Schilderungen der Bezugspersonen: frühere und bestehende Probleme und Beschwerden sind dabei ebenso wichtig wie bereits erfolgte Behandlungen und auffällige Veränderungen des Verhaltens, der Nahrungsaufnahme, des Schlafrhythmus sowie der Rittigkeit. Damit einher geht häufig der Sichtbefund. Im Anschluss daran folgt die körperliche Untersuchung – beispielsweise mit Palpation, Abhören, Beugeprobe und/oder Zahnkontrolle. Erst danach fällt die Entscheidung über weitere Untersuchungen und die zu wählenden Verfahren.

Zur Erhebung nutzt jeder Behandler unterschiedliche Herangehensweisen. Die Sinneseindrücke spielen immer eine wichtige Rolle, vertieft werden diese bei Bedarf durch technikbasierte Methoden. Die eigentliche Diagnosestellung als Resultat der Vorgeschichte, der vorhandenen Beschwerden und der Untersuchungsergebnisse bleibt den Tierärzten vorbehalten. Ebenso darf aus rechtlichen Gründen die Blutabnahme aus der Vene nur von Fachleuten vorgenommen werden.

Ansonsten kann man selbst oder eine andere Bezugsperson vieles tun, um dem Pferd zu helfen. Damit es bei einem Notfall nicht so schwierig ist, das Pferd so ruhig zu bekommen, dass belastbare Untersuchungsergebnisse gewonnen werden

Befundungsverfahren

Die folgende Aufzählung erhebt keinen Anspruch auf Vollständigkeit. Neue Verfahren kommen stetig hinzu.

Optisch und bildgebend

Der Sichtbefund, also der fachliche Blick aufs Pferd, liefert Eindrücke über Fell- und Ernährungszustand, mögliche Lahmheit, Bemuskelung, Hufform und Atmung. Zumeist werden für die bildgebende Diagnostik technische Geräte benötigt, etwa bei Ultraschall, Endoskopie, Röntgen, Computertomographie und Szintigraphie. Weniger aufwendige bildgebende Verfahren sind Thermographie und Satteldruckmessung. Eine besondere Form der Inaugenscheinnahme ist die Irisdiagnostik, bei der das Auge betrachtet und Rückschlüsse auf das Körperinnere gezogen werden.

Akustisch

Was uns als Erstes in den Sinn kommt, ist das Abhören mit dem Stethoskop, aber auch die Lautstärke beim Auffußen oder Geräusche (Knacken) beim Beugen von Gelenken oder Belasten von Extremitäten sind mögliche Indikatoren. Schlauchgeräusche bei männlichen Pferden oder Atemgeräusche in/nach Belastung sind ebenfalls mögliche Hinweise für Normabweichungen.

Olfaktorisch

Die Nase führt einen häufig schneller zu Symptomen einer Erkrankung als andere Sinne. Auffällig riechender Urin oder säuerlicher Geruch an frischen Pferdeäpfeln sind ebenso wichtige Anzeichen wie der Geruch von Eiter aus dem Maul, Wunden und bei Strahlfäule oder ein anderer Geruch des Pferdes an sich.

Haptisch

Neben dem Pulsmessen ist vor allem das Abtasten (Palpation) von Bedeutung. Auf Beweglichkeit und Funktion der Gelenke geben Beugeproben Hinweise. Auch die Ausrüstung kann wichtige Hinweise liefern, zum Beispiel bei der Sattelkontrolle.

Chemisch-physikalisch

Die Probeentnahmen von Blut, Urin, Kot und Haut für die spätere Analyse im Labor sind heutzutage Standardverfahren. Speziellere Analysen bieten Biopsien, Genanalysen oder die Immundiagnostik.

Energetisch

Im weitesten Sinne energetisch sind Befunderhebungen über Verfahren wie Bioresonanz (direkt am Tier oder anhand von Proben wie Blut, Speichel, Fell), Tierkommunikation (als telepathischer Kontakt) oder Kinesiologie (über den Muskeltest, zum Beispiel an einem „Stellvertreter").

Vor einer Diagnose steht immer die Anamnese (Befundaufnahme), denn deren Ergebnisse sind die Hinweise für das zugrunde liegende Krankheitsbild. Dazu gehört neben der Schilderung der Vorgeschichte der Sichtbefund. *Foto: Christiane Slawik*

können, ist die Gewöhnung an medizinische Maßnahmen – in Form von Medical Training – sinnvoll.

Hilfreiche PAT-Werte erlernen

Es gibt viele Befundungsmethoden, die von Besitzern, Reitbeteiligungen und Stallbetreibern gut durchführbar sind. Diese sind einfach zu erlernen und umzusetzen und zudem eine gute Möglichkeit des Monitorings. Die Basisdaten schlechthin sind die sogenannten PAT-Werte – Puls, Atmung und Temperatur. Diese sollte man im Alltag und im Ruhezustand mehrfach überprüfen, notieren und im Putzkasten deponieren, um sie im Notfall zum Vergleich parat zu haben. Die Körpertemperatur beträgt bei Pferden üblicherweise zwischen 37 und 38 Grad Celsius. Die Atmung beziehungsweise die Anzahl der Atemzüge lässt sich mit bloßem Auge erkennen. Darüber hinaus ist sie auch fühl- und hörbar. Der Normbereich pro Minute liegt zwischen acht und 16 Atemzügen. Der Puls ist am besten an der Arterie am Unterkieferrand tastbar und beträgt in Ruhe üblicherweise 30 bis 40 Schläge pro Minute. Alternativ dazu übermittelt ein Pulsmessgurt für Pferde die Werte an eine Handy-App. Mit einem Stethoskop kann man nicht nur die Herzfrequenz überprüfen. Bei Verdacht auf Kolik leistet es auch gute Dienste. Es braucht allerdings etwas Übung, um Darmgeräusche oder Lungengeräusche wie Rasseln wahrzunehmen.

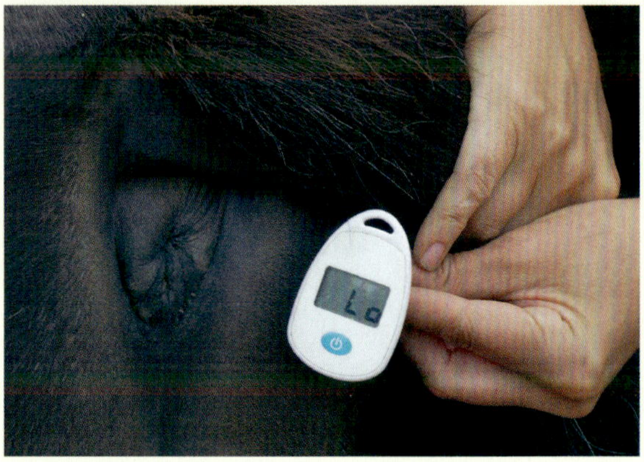

Beim Fiebermessen sollte man ein speziell für Pferde und andere Großtiere geeignetes Thermometer verwenden. *Foto: Kirsten Fleiser*

Jenseits dieser drei Parameter gibt es weitere Quellen, die Auskunft über den Gesundheitszustand des eigenen Tieres geben und ebenfalls in regelmäßigen Abständen kontrolliert werden sollten: Zur Feststellung des Gewichts kann man entweder die Pferdewaage bestellen oder bei einem Landhandel oder landwirtschaftlichen Betrieb mit Lkw-Waagen fragen, ob man diese nutzen darf.

Selbst das Stockmaß liefert, richtig eingesetzt, durchaus spannende Erkenntnisse. Ein ansonsten ausgewachsenes und nachweislich geschrumpftes Pferd sollte auf weitere Anzeichen von Trageerschöpfung hin in Augenschein genommen werden.

Die Handykamera ist hilfreich, um Fotos zum Vergleich der körperlichen Entwicklung zu machen – jeweils mit Sommer- und Winterfell. Dafür stellt man das Pferd nach Möglichkeit auf dieselbe Position. Weitere Parameter wie Aufnahmewinkel, Lichtverhältnisse, Umgebung und Untergrund

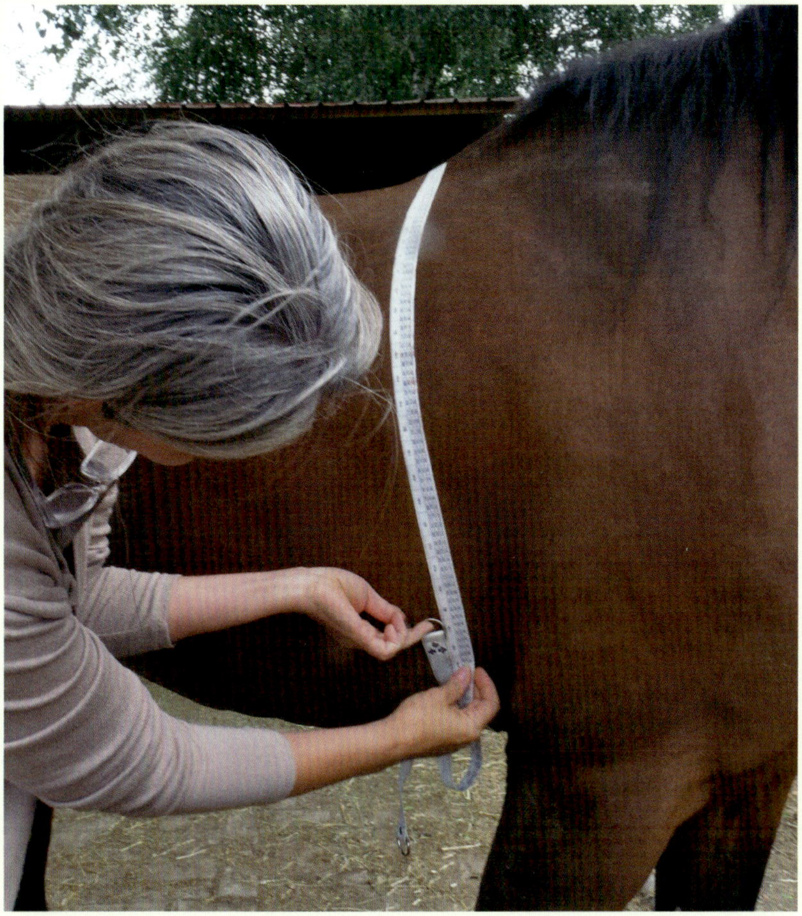

Mit einem Maßband ermittelt man mindestens den Brustumfang und häufig auch die Länge des Rumpfes. Weitere Werte wie Halsumfang, Fessel-Ellbogen-Maß und Röhrbeinumfang präzisieren das daraus zu berechnende Ergebnis. Diese reichen für Rationskalkulationen und dienen als Referenzwerte zur Gewichtskontrolle. *Foto: Kirsten Fleiser*

sollten ebenfalls identisch sein. Aufnahmen von vorn und hinten sowie von beiden Seiten – inklusive Details der Hufstellung – auch von oben ergeben ein gutes Gesamtbild.

Die Befundung nach APM

Über eine für Laien in ihren Grundzügen problemlos umsetzbare Befundung verfügt die APM-Therapie nach Penzel. Diese energetische Testung gibt Auskunft über die Verteilung der Energie und über spezifische Probleme. Störungen des Energieflusses werden durch deutlich spürbare Abstrahlungen von Wärme und Kälte angezeigt. Es ist unerheblich, was man besser wahrnehmen kann, für die Schlussfolgerungen ist beides gleichermaßen hilfreich. Welche Bereiche wie abstrahlen – sowohl Wärme als auch Kälte können als schmerzhaft oder unangenehm vom Pferd wahrgenommen werden –, ermöglicht Rückschlüsse auf etwaige Symptome wie eine nicht weit genug vorfußende Hinterhand sowie Gelenkblockaden, speziell bei der energetischen Wirbelsäulenbefundung.

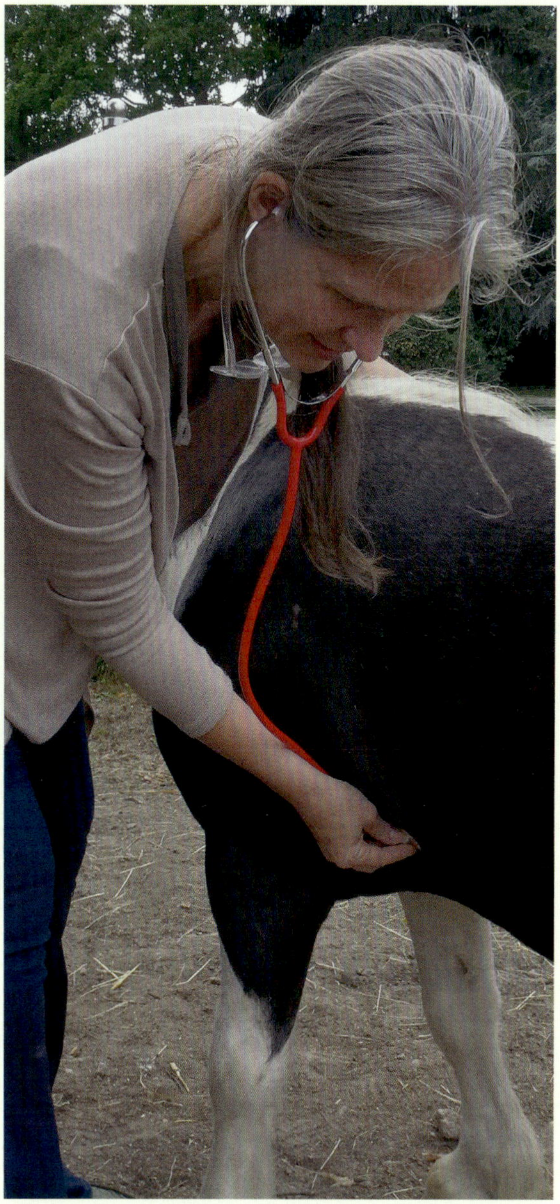

Mit einem Stethoskop kann man auf der linken Pferdeseite kurz hinter dem Ellenbogenhöcker die Herzfrequenz kontrollieren. *Foto: Kirsten Fleiser*

Im Rahmen der APM-Therapie wird unabhängig von Symptomen – einzelnen Beschwerden oder Symptomkombinationen (Syndromen) – befundet und anschließend behandelt. Einzig das Beheben der Störung im Energiefluss als dem übergeordneten System, in Form von Umverteilung, Ableitung und/oder Ausgleich, ist hier das Ziel aller therapeutischen Interventionen. Dies hat nach dem Prinzip der Kausalität zur Folge, dass die Auffälligkeiten verschwinden, sobald die zugrunde liegende Ursache in Form eines Energiestaus beseitigt wird.

Bei der Tasttechnik streichen die Hände wenige Zentimeter über dem Körper und fühlen so, in welchen Bereichen eine Energieleere oder -fülle vorhanden ist. *Foto: Kirsten Fleiser*

Innerhalb des APM-Konzepts, das ursprünglich von dem Masseur Willy Penzel für die Therapie seiner Frau entwickelt wurde, gibt es verschiedene Quellen an Informationen, die in die Gesamtbewertung für die zu wählende Behandlung einfließen. Standardmäßig wird das Pferd mit den Händen in Energieflussrichtung abgestrichen, wobei für die energetischen Informationen der Körper nicht berührt werden muss. Um weitere Eindrücke vom Muskeltonus oder der Fellstruktur zu bekommen, ist allerdings auch ein Abstreichen mit direktem Kontakt möglich, jedoch anders als bei der Palpation ohne Druck. Das wichtigste Instrument ist jedoch die Tasttechnik, wobei nicht nur ohne jeglichen Druck, sondern in der Regel sogar ganz ohne direkten Körperkontakt gearbeitet wird. Der Abstand zwischen Hand und Körper beträgt dabei wenige Zentimeter. Das Ganze findet sehr langsam statt, da jetzt der Status ermittelt und noch keine Energie zum Fließen gebracht werden soll. Manchmal wird dabei sogar so kleinteilig gearbeitet, dass gar keine Bewegung erfolgt, sondern eine bestimmte Stelle gezielt beurteilt wird. Prädestiniert dafür sind Narben, etwa der Nabel, Narben von der Kastration oder das Brandzeichen. Dafür kann man auch den Handrücken oder eine Fingerkuppe nutzen.

Befundung übers Ohr

Da das Pferdeohr auch in der APM-Therapie die jeweilige Körperseite in Miniaturformat repräsentiert, kann auch darüber befundet werden. Hier helfen neben dem am Rand verlaufenden Kleinen Kreislauf (KKL) insbesondere tastbare, stecknadelkopfgroße Knubbel unter der Haut. Deren Lage lässt Rückschlüsse über den betroffenen Bereich am Pferdekörper zu, wobei es sich vornehmlich um eine dort vorhandene Fülle oder einen Energiestau handelt.

Über die APM sind sogar Rückschlüsse über den Zustand der inneren Organe möglich. Wenn der dem entsprechenden Organ zugeordnete Meridian warm abstrahlt, weil er voll ist, und dies womöglich gleich auf beiden Körperseiten, ist die Wahrscheinlichkeit hoch, dass zu viel Energie auch im Körperinnern lagert. Sind dann auch die entsprechenden Zustimmungs- und Alarmpunkte deutlich heiß, ist rasches Handeln erforderlich.

Findet die Befundung in der fliegenreichen Jahreszeit statt, tummeln sich die Plagegeister zumeist auf den energieleeren Körperstellen. Stehen mehrere Pferde zusammen, wird häufig das energetisch schwächste Tier gepiesackt.

Voraussetzungen für die APM-Befundung

Damit die energetische Befundung unverfälschte Ergebnisse liefert, müssen bestimmte Voraussetzungen erfüllt sein: Die Befundung findet immer vor dem Reiten oder auch jeglichem Training vom Boden statt. Das Pferd ist rechtzeitig vorher auszudecken und darf vorher nicht in der Sonne gestanden haben (auch nicht unter dem Solarium), Gleiches gilt für Regen und Schnee. Unmittelbar vorher sollte das Pferd nicht geputzt oder mit Wasser abgespritzt werden. Auch das Anwenden von Pflegemitteln wie Fliegenspray oder Lotionen sollten vorab unbedingt unterlassen werden. Am besten steht das Pferd bei entsprechender Versorgung mit Wasser und Heu in einer zugfreien Box oder im geschützten Unterstand. Das Abbürsten von groben Verschmutzungen sollte rechtzeitig vor der Befundung erfolgen. Diese kann auch im Freien stattfinden, allerdings muss es trocken, schattig und windgeschützt sein. Genauso wichtig ist, dass der Therapeut warme, nicht eingecremte Hände hat – sowohl für die initiale als auch die weitere energetische Kontrolle im Verlauf der Behandlung.

So geht es

Wer sich jetzt selbst heranwagen möchte – hier die Kurzfassung des Energiekreislaufs, der auf beiden Körperseiten auf mögliche Unterschiede hin überprüft wird: vom Genick aus an der Halsoberseite entlang über die Breite des Rückens und an der Außenseite der Hinterhand hinunter bis zum Huf. Dort am Kronrand entlang zur Innenseite des Beins, weiter nach oben und am Bauch gegen die Fellwuchsrichtung bis zur Vorhand. Dann geht es an deren Rückseite bis zum Huf, jeweils hälftig am Kronsaum herum zur Vorderseite und nach oben zur Halsbasis. Von dort bewegt man sich Richtung Kopf bis hin zum Maul, drum herum und auf dem Nasenrücken hinauf zum Ausgangspunkt. Dabei ist es egal, wo innerhalb des Kreislaufs gestartet wird, solange eine Umrundung vollendet wird. Wenn ein Pferd beispielsweise kopfscheu ist, startet man besser am Hals oder Rücken.

Bei dieser Art der Befundung kann man sogar Energieunterschiede innerhalb einer Narbe finden oder einzelne Akupunkturpunkte wahrnehmen – wie Meridian-End- und -Anfangspunkte am Kronsaum oder Zustimmungspunkte in den Zwischenräumen der Rippen, den Interkostalräumen, auf dem inneren Ast des Blasenmeridians. Diese sind oft als kleine Kuhle mit der Fingerbeere tastbar.

Im Rahmen der APM-Befundung können Energieverlagerungen bereits durch das (mehrmalige) Abtasten während der Statuserhebung geschehen. Genauso können sich dabei die energetischen Systeme von Pferd und Mensch miteinander koppeln und folglich auch austauschen. Deshalb können sich Ergebnisse bereits während der Befundung verändern und das Pferd zeigt entsprechende Reaktionen wie Kauen und Gähnen.

Wer sich mit dieser Art, sein Pferd im wahrsten Sinne des Wortes zu „erfahren", befasst, gewinnt nicht nur informative Hinweise auf energetisches Ungleichgewicht, sondern hilft ihm bereits, dieses zu lösen. Gleichzeitig verstärkt man die Bindung und gewinnt wertvolle Erkenntnisse über die Konstitution des Pferdes.

Kirsten Fleiser, studierte Versicherungsbetriebswirtin aus Köln, wandte sich nach einem Sabbatjahr in spanischen Reitbetrieben immer mehr der Gesunderhaltung von Pferden zu. Es folgten Qualifizierungen zur zertifizierten Trainerin für Dual-Aktivierung® und Equikinetic® sowie zur APM-Therapeutin nach Penzel für Pferde und zur equinen Bowen-Anwenderin. Neben ihrer Moderatorentätigkeit setzt sie sich insbesondere auf Mallorca für die Verbreitung von pferdefreundlichem Wissen ein.
www.caballance.de

TRAINING IM WINTER

Die Tragkraft und Geschmeidigkeit erhalten

von Hans-Jürgen Neuhauser

Nun kommt sie bald wieder, die Winterzeit, die je nach Region mehrere Monate andauern kann. Sie stellt viele Pferdebesitzer vor die Anforderung, den im Frühjahr, Sommer und Herbst erarbeiteten Trainingszustand des Pferdes zu erhalten und zu vertiefen. Eine besondere Herausforderung im Winter kann dabei das Training auf gefrorenem Boden bedeuten. Viele Pferdebesitzer scheuen das Training auf hartem, kaltem Boden, weil sie Angst haben, dass sich ihre Pferde verletzen könnten.

Da nicht alle Pferdemenschen eine Halle zur Verfügung haben oder diese für die Bodenarbeit mit dem Pferd nicht nutzen dürfen, ist es wichtig, auch im Winter bei gefrorenem Boden im Freien zu wissen, wie sinnvolles Training unter diesen Umständen aussehen kann. Dabei reicht es nicht, das Pferd irgendwie zu bewegen. Vielmehr geht es darum, auch in der Winterzeit das Verhältnis zwischen Pferd und Mensch zu stärken, das Pferd weiterhin zu fördern, zu gymnastizieren und die Trainingsroutine beizubehalten.

WAS SOLLTE VERMIEDEN WERDEN?

Zu beachten ist grundsätzlich, dass sich der Stoffwechsel eines Pferdes ebenso wie der des Menschen in den Kältezeiten verlangsamt, da dann der Körper in den Energiesparmodus wechselt. Das Pferd benötigt somit eine längere Aufwärmphase, ganz besonders, wenn es in der kalten Jahreszeit mehrere Stunden in der Box steht. Hintergrund ist, dass nach längeren Standzeiten die Gelenkflüssigkeit zähflüssiger ist,

Foto: Hans-Jürgen Neuhauser

FREIWILLIGER WECHSEL DURCH DEN ZIRKEL

Hier sieht man einen fließenden Wechsel durch den Zirkel. Das Pferd wechselt dem Menschen zugewendet die Richtung. Dabei gilt es zu beachten, dass es auf hart gefrorenem Boden besonders wichtig ist, dem Pferd genügend Raum für die Biegung zu geben, damit es sich seine Schritte und seine Biegung selbst einteilen kann. Die Biegungen sollten freiwillig ausgeführt werden, damit sich das Pferd nicht verspannt, fest macht und stark kompensieren muss.
Mit einer eindeutigen Körpersprache kann man dem Pferd klar definierte Bewegungsvorschläge geben, die es dann selbstständig ausführt. An der Reaktion des Pferdes und an der Art und Weise, wie es diese ausführt, erkennt der Mensch, ob seine eigenen Bewegungen in sich stimmig sind oder einer Korrektur/Optimierung bedürfen. Das Pferd gilt als Spiegel der eigenen Bewegungen.

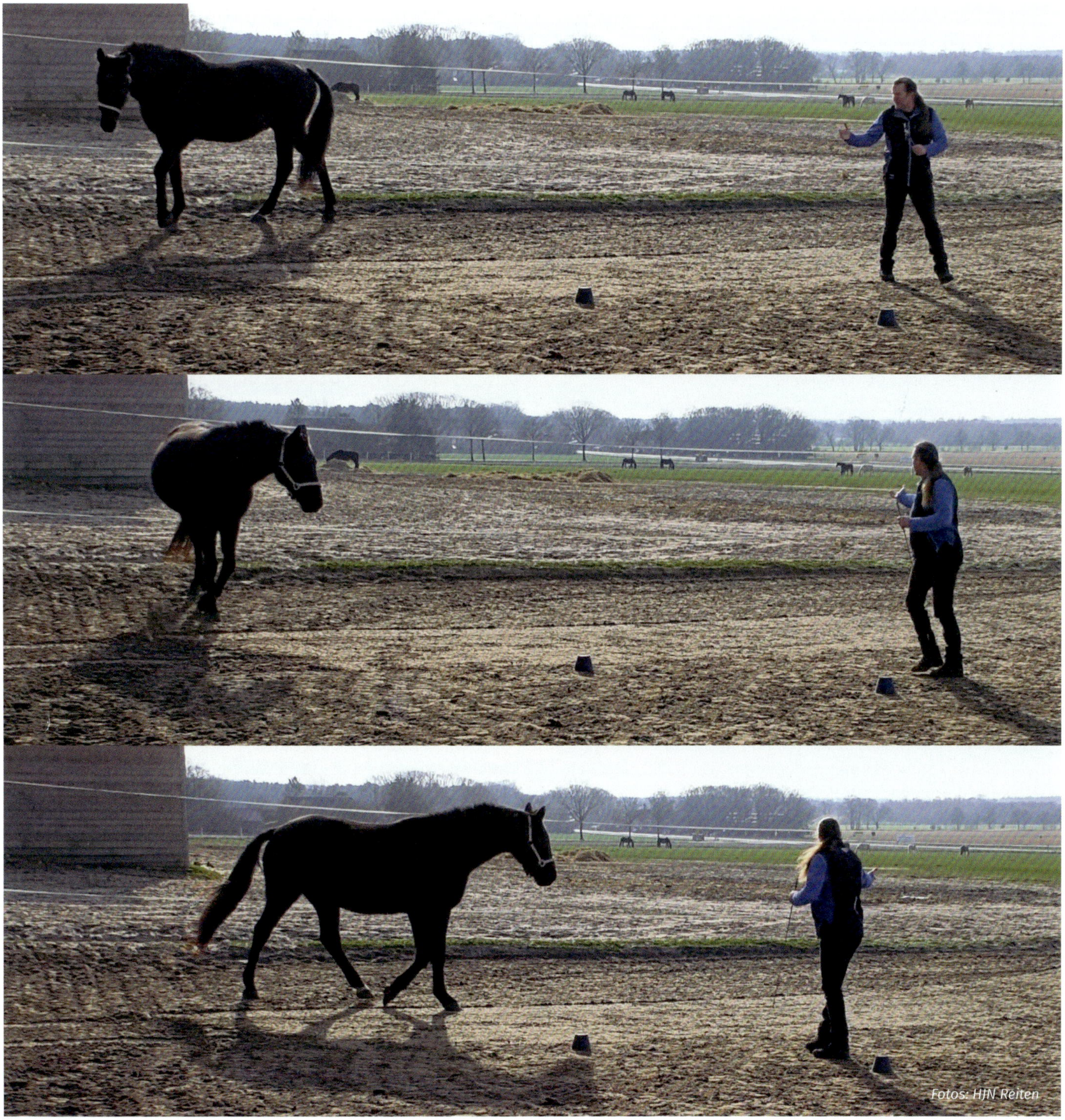

Fotos: HJN Reiten

die Muskulatur der Pferde oft verspannt ist und die Durchblutung in den Gliedmaßen erst wieder angeregt werden muss.

Deshalb gilt es zu vermeiden, das Training des Pferdes in einem zu hohen Tempo oder in einer zu hohen Gangart zu beginnen. Auch sollte anfangs von engen Biegungen und Wendungen abgesehen werden. Sinnvoll ist es, das Training auf gefrorenem Boden beispielsweise mit freien Führübungen zu starten. Dabei sollte auf jegliche mechanische Einwirkung, wie Zug am Führstrick, an der Longe, am Kappzaum etc., verzichtet werden, denn gerade auf gefrorenem Boden sollte das Pferd seine Schritte selbst koordinieren dürfen.

Die Funktion von freien Führübungen ist eine elementare und der Alltag mit dem Pferd ist eine sehr prägende Erfahrung. Gelingt die Führung des Pferdes gut, fördert dies das Vertrauen zwischen Pferd und Mensch, weil es keine Unklarheiten beziehungsweise Diskussionen über die Bewegungsrichtung gibt und somit auch die Trainingsatmosphäre optimiert wird. Das Pferd kann ruhig und sicher seinen Weg gehen, was insgesamt den alltäglichen Umgang erleichtert.

WAS IST SINNVOLL?

Ein Pferd bewegen – spazieren gehen, entspanntes Führen ohne Gymnastizierung, also reines Bewegen

Ein Pferd trainieren – Körperspannung (= eine positive Grundspannung ohne Fehlspannung) entwickeln und aufrechterhalten, gymnastizierende gesundheitserhaltende Übungen

Ein Pferd, das seinem Menschen einfach nur „hinterhertrottet", wird noch lange nicht trainiert. Ein sinnvolles Training beinhaltet Gymnastizierung und reelle Biegungen. Um reelle Biegungen zu trainieren, eignet es sich gut, den Raum mithilfe von Gips-Gummi-Bechern oder kleinen Pylonen zu strukturieren. Diese Strukturierung des Trainingsraums dient dem Menschen, sich zu orientieren und eine klare Aussage zu tätigen, um das Pferd – schwerpunktmäßig in der Gangart Schritt – durch verschiedene Parcours frei zu führen. Ziel ist es, dass das Pferd dem Menschen nicht nur willig folgt, sondern sich für ihn auch freiwillig im wahrsten Sinn des Wortes „verbiegt". Es lassen sich viele verschiedene Übungen kreieren, in denen sich ein Pferd stellt, reell biegt und sich ganz auf seinen Pferdemenschen einstellt. Durch korrekt ausgeführte Führübungen kann die seitliche, also laterale Biegung sowie die Dehnung des Pferdes effektiv gefördert werden. Das Pferd biegt sich freiwillig – auch immer wieder wechselseitig – von der Nasenspitze bis zur Schweifrübe und geht exakt den vom Menschen beschriebenen Weg, wobei Mensch und Pferd auf unterschiedlichen Hufschlägen gehen. Hierbei befindet sich der Mensch zwei Meter vor dem Pferd und gibt dem Pferd klar definierte Bewegungsvorschläge. Geht der Mensch hingegen direkt neben dem Gesicht des Pferdes, stellt dies eine Manipulation und ein Abdrängen des Pferdes dar, was eine reelle Biegung zunichtemacht. Erst eine klare sowie feine Kommunikation ermöglicht die freiwillige Biegung des Pferdes und eine wirkliche, damit effektive Dehnung. Bei korrekter Ausführung wird zusätzlich das Vertrauen des Pferdes zum Menschen gestärkt und gefördert sowie das Pferd zur Mitarbeit motiviert.

FREIES LONGIEREN

Eine weitere Möglichkeit, das Pferd zu trainieren, ist das freie Longieren, das bei uns „Arbeit auf dem Zirkel" nach Hans-Jürgen Neuhauser genannt wird. Auf gefrorenem Boden ist die Gangart Schritt grundsätzlich zu bevorzugen. Auch hier gilt – wie immer: Der Zug am Strick, an der Longe oder am Kappzaum erzeugt – bewusst oder unbewusst – ungesunde Konsequenzen für das Pferd. Ziehen zwingt ein Pferd, den Unterhals anzuspannen und zu kompensieren. Dadurch verliert das Pferd an Geschmeidigkeit und beginnt beispielsweise eine Wendung, indem es nicht mehr seiner Nase folgt, sondern über die Schulter fällt und dadurch übermäßig die innere Vorhand belastet. Das Pferd wird gezwungen, die kompensatorische Muskulatur zu benutzen und fälschlicherweise zu trainieren, wodurch es in die Rumpfträger gezwungen wird. Hierbei wird die Muskulatur des Pferdes in eine Haltung gebracht, in der der Knochen- und Bandapparat den größten Teil des Körpergewichts des Pferdes tragen muss. Das entspricht genau dem Gegenteil der freien Selbsthaltung. Diese Art der Fehlbelastung ist sehr energieaufwendig, anstrengend, schränkt die Bewegungsfreude des Pferdes deutlich ein und ist insgesamt physiologisch ungesund. In der Folge können die Bewegungsfreude sowie die körperliche und seelische Gesundheit des Pferdes stark leiden. Hierdurch können langfristig Dauerschäden in den Körperstrukturen entstehen.

WAS IST ZIELFÜHREND?

Nur bei korrekt ausgeführten biegenden Übungen lernt das Pferd, wieder „seiner Nase nachzulaufen". Das bedeutet, das Pferd geht um eine Ecke, eine Wendung oder auch auf einer Volte/einem Zirkel, indem es die Bewegung idealerweise mit der Nase und dem Kopf führend beginnt. Danach „folgt" der restliche Körper – zuerst der Hals, dann die Vorhand, anschließend die Mittelhand und zuletzt die Hinterhand. Die Nase sollte tatsächlich führen – nicht die Schulter! Nur dann ist es möglich, dass das Pferd unter seinen Schwerpunkt treten kann und folglich in Balance und in physiologisch korrekte, also gesunde Bewegungsabläufe kommt. Das Pferd erhält zudem wieder ein Gespür dafür, seinen Körper geschmeidig, leicht und kraftvoll zu bewegen. Mit diesem verbesserten Körperbewusstsein kommt auch die Freude an der Bewegung wieder, die sich dann in seiner Alltagsbewegung widerspiegelt, indem das Pferd beispielsweise vermehrt mit seinen Kameraden spielt und sich im Training sowie auf der Weide reger einbringt.

SCHLANGENLINIEN = WECHSELSEITIGE BIEGUNG

Wechselseitige Biegungen, wie Schlangenlinien, sind auch im Winter auf gefrorenem Boden ein ideales Mittel, um das Pferd geschmeidig und biegefreudig zu halten. Damit auch der Mensch seine Konzentration und seine Koordinationsfähigkeit steigert – und sich selbst damit ebenso wie das Pferd trainiert, „latschen" nicht beide gleichzeitig durch dieselben beiden Pylonen oder Gips-Gummi-Becher hindurch, sondern durch unterschiedliche.

Wichtig ist hierbei, genügend Abstand zum Pferd zu haben, damit es nicht unbewusst manipuliert wird, sondern seine Schritte und seine gebogenen Linien, die es gehen soll, selbst einteilen kann.

MIT DER HINTERHAND UNTER DEN SCHWERPUNKT TRETEN

Bei freien Führübungen, also ohne Longe oder Strick, kann man zusätzlich den Raum strukturieren, um dann das Pferd durch verschiedene Parcours frei zu führen. Hierbei beschreibt man ihm klar den Weg, den es gehen soll. Dabei ist neben dem konzentrierten Training mit dem Pferd auch darauf zu achten, dass es mit der Hinterhand gut unter den Schwerpunkt tritt.

Fotos: HJN Reiten

DIE NASE FÜHRT

Wir können zudem beobachten, wie sich das Körperbewusstsein und das Vertrauen des Pferdes in den Menschen mit fortdauerndem Training weiter steigern. Wenn ein Pferd gelernt hat, wieder seiner Nase nachzugehen, und geschmeidiger wird, dann fallen ihm wechselseitige Biegungen immer leichter. Es kann engere Wendungen gehen und wird sich dabei bewusster, welchen Raum sein Körper einnimmt und wie eng es gehen kann. Die meisten Pferde trauen sich zu Beginn nicht zu, durch Wege mit eng zusammenstehenden Pylonen zu gehen. Mit der Zeit, mit einem neu gewonnenen Vertrauen in den Menschen und mit zunehmendem Körperbewusstsein lernen sie, durch welche schmalen Wege und durch welch schwierige Hindernisparcours sie gehen können. Sie können ihren Körper (immer) besser einschätzen und koordinieren.

Eines gilt es zu bedenken: Das Pferd sollte auf gefrorenem Boden nicht so stark vorwärtsgetrieben werden, dass es sich fest macht und verspannt. Es sollte vielmehr aktiv und locker vorwärtsgehen, ohne zu „latschen", Takt und Losgelassenheit sollten unbedingt erhalten bleiben, ohne dass das Pferd ins Eilen kommt. Anstatt das Pferd etliche Runden im Schritt gehen zu lassen, sollte es durch fliesende Wechsel durch den Zirkel gelockert und gelöst werden. Trab und Galopp sollten auf zu hartem Boden vermieden werden – ganz besonders, wenn dieser zusätzlich uneben ist. Leichte Tempiwechsel im Schritt sind hingegen wertvoll.

Wichtig!
Wenn der Boden zwar gefroren, aber eben ist und eine Schneeschicht darauf liegt, kann unter Umständen auch in höheren Gangarten und mit etwas höherem Tempo trainiert werden.

BIEGUNGEN UND BALANCE

Insgesamt bietet diese Form des Trainings nach Hans-Jürgen Neuhauser eine Vielzahl von Ereignisparcours. Diese beinhalten auch viele Alltagssituationen – wie beispielsweise das Holen des Pferdes von der Weide, das Führen des Pferdes zum Reitplatz oder das Öffnen, Hindurchgehen und Wiederverschließen eines Tors mit dem Pferd. Sowie die – häufig bis seltener – vorkommenden Hindernissituationen nachstellbar und bei jeglicher Witterung umsetzbar sind, wie das Führen eines Pferdes über Geäst und so weiter. In sämtlichen Alltags- und Hindernissituationen – auf trockenem, nassem oder auch gefrorenem Boden – muss aber stets auf ein nach vorn in Bewegungsrichtung erfolgendes Abfußen des Pferdehinterbeins geachtet werden. Ein „Hinten-Ausfallen", wobei das Pferd mit der Hinterhand nach außen kreuzt, muss so weit wie möglich vermieden werden. Dieses Ausfallen der Hinterhand verursacht eine Aktivierung der falschen Muskulatur, der sogenannten Kompensationsmuskulatur. Dadurch wird es dem Pferd unmöglich gemacht, mit dem inneren Hinterbein unter den Schwerpunkt zu treten. Durch solch ein falsches Training wird das Pferd gezwungen, sich im Rücken festzuhalten und sich mit der Unterhalsmuskulatur zu stabilisieren. Damit wird die Vorhand übermäßig belastet und ein Absinken des Brustkorbs in die Rumpfträger gefördert. So wird jegliche reelle Biegung des Pferdes verhindert.

Dieses Trainingskonzept fördert und schult auch das Körperbewusstsein sowie das Auflösen von falsch antrainierten und unbewussten Bewegungs- und Verhaltensmustern des Menschen. Dabei geht es darum, dass der Mensch erlernt, Bewegungsabläufe in freier körperlicher Selbsthaltung in Lot und Balance zu absolvieren und dabei im Hier und Jetzt mit liebevoller Klarheit zu agieren. Der Mensch trainiert die eigene Balance mit aktiv zielenden Knien, den Boden suchenden Fußballen/Fußspitzen sowie einer bewussten Gewichtsverlagerung ohne Schwerpunktverlust.

Das bewusste und zielorientierte Gehen ist die Basis sämtlicher Bewegungen mit und an einem Pferd. Gelingt ein „sauberes" Gehen (Takt und Losgelassenheit auch aufseiten des Menschen), wird ein motivierender und elementarer Bestandteil für das Pferdetraining geschaffen. Wenn wir uns entscheiden, ein Pferd zu führen, müssen wir uns auch der Verantwortung bewusst sein.

Video zum Wintertraining:
vimeo.com/801930277

Hans-Jürgen Neuhauser ist als Pferdetrainer aus der arte-Dokumentation „Das Geheimnis der Pferdesprache" bekannt, hatte schon in seiner Kindheit den Traum, sich den Pferden zuzuwenden. Er erfüllte sich mit Ende zwanzig den Wunsch, Adagio-Akrobat (Zeitlupenakrobat) zu werden. „Auf das Pferd gekommen" ist er bei einem geführten Ausritt auf seiner späteren Tinkerstute Casey. Das von ihm entwickelte Ausbildungskonzept steht für eine ganz besonders feine Kommunikation zwischen Mensch und Pferd und basiert auf reiner Körpersprache in der Pferdeausbildung in Kombination mit gesunderhaltenden Trainingseinheiten (HJN-Equileading – Gymnastizierende Führübungen). Dieses Wissen vermitteln er und seine Partnerin Diana Baumeister in Workshops in Reitställen sowie im eigenen Ausbildungszentrum in Kirchdorf, Landkreis Diepholz, wo neben Kursen, Beritt und Einstellplätzen auch die Ausbildung zum HJN-Trainer möglich ist.
www.hjn-reiten.de

Faszination **Wildpferde**

Magie versus Vermarktung

Foto: Christiane Slawik

Kommentar

Kommentar von Martina Kiss

Wildpferde – schon der Gedanke an diese nicht domestizierten Pferde lässt so manchem Pferdeliebhaber Schauer über den Rücken laufen. In der Zwischenzeit gibt es viele TV-/Internet-Streaming-Dokumentationen über Wildpferde, die alle dasselbe aussagen: Das Leben in der Wildnis hat nichts mit Romantik zu tun, nach der sich viele Menschen sehnen. Es ist der pure Kampf ums Überleben. Härter noch, als wir es uns vorstellen können. In einer dieser Dokumentationen habe ich Folgendes gesehen: Ein Leithengst hat ein frisch geborenes Fohlen, dessen Mutter hilflos danebenstand, solange gebissen und getreten, bis es tot war. Der Grund: Der Hengst sah, fühlte, roch, dass dieses Fohlen zu schwach war, um mit der Herde auf den Wanderungen mitzuhalten. Das geschwächte Fohlen hätte Raubtiere angezogen. Um die Herde zu schützen, musste das Fohlen sterben. Und damit es einen schnellen Tod erleidet und nicht von Raubtieren bei lebendigem Leib zerfetzt wird, brachte es der Hengst so schnell wie möglich um – Brutalität und Barmherzigkeit in einem. Ich war, wie jeder fühlende Mensch, schockiert, aber so ist das Leben in der Wildnis – hart, brutal, aber lebens- und arterhaltend.

Marc Lubetzki versucht in seinen Filmen und in seinen Büchern, uns die Welt der Wildpferde näherzubringen, und hat uns eine seiner Reisen in einem Artikel geschildert. Dabei wurde unter anderem deutlich, was uns Wildpferde lehren können. Wir Menschen, die wir domestizierte Pferde halten, können einiges aus den Beobachtungen für unsere Hauspferde lernen. Trotz all der Härte haben Wildpferde eine eigene Faszination.

Die Magie der Mustangs

Ein ganz besonderes Flair haben Mustangs, die verwilderten Pferde Amerikas. Bilder wie die Weiten der Prärie, flaches, karges Land und mittendrin eine Herde Pferde lassen einem Pferdeliebhaber das Herz höherschlagen. Was viele nicht wissen: Amerikas Pferde, die wir unter dem Begriff Mustangs kennen, sind verwilderte Hauspferde, deren Wurzeln in Spanien liegen. Mehr hierzu in dem Artikel über die Magie der Mustangs.

Wir haben die Mustangherde des Naturfilmers und Mustang-Liebhabers Erich Pröll besucht und durchs Jahr begleitet. Er ist einer der wenigen Europäer, der Mustangs aus dem Bestand des Bureau of Landmanagement (BLM) aus den USA nach Europa importiert hat und ihnen auf einem 30 Hektar großen Gebiet an der österreichisch-tschechischen Grenze ein artgerechtes Leben ermöglicht.

Vermarktung von Mustangs

Viele von uns kennen die Veranstaltung „Mustang Make Over". Unter diesem Namen wurden Mustangs, die in Amerika niemand haben wollte (und die sonst nach einiger Zeit vom BLM aussortiert werden mussten), für wenige Hundert Dollar pro Pferd gekauft. Diese wurden nach Deutschland gebracht und von Trainern innerhalb weniger Monate ausgebildet. Solch einen „trainierten" Mustang konnte man sich für vergleichsweise günstiges Geld (im Gegensatz zu den europäischen Pferdepreisen) ersteigern. Es mag sein, dass der Initiativgedanke durchaus etwas mit Tierschutz zu tun hatte, doch im Lauf der Jahre wurde ein Geschäft daraus – ausgetragen auf dem Rücken verwirrter Pferde.

Um das zu verstehen, muss man sich in die Lage eines Mustangs hineinversetzen: Frei geboren, aufgewachsen in einer sicheren Herde, mit viel Stress von Helikoptern gejagt (dabei Todesängste ausgestanden) und eingefangen, in einen Coral, Shelter oder eine Facility mit anderen gepfercht (in solchen Einrichtungen hat man nicht viel Platz), von seiner Umgebung getrennt, wieder woandershin transportiert, und dann soll solch ein Mustang mit „domestizierten Methoden" gefügig gemacht werden. Wie soll das funktionieren, ohne das Pferd zu brechen? Das Schlimme ist, wenn ein Pferdeliebhaber erkennt, dass ein Mustang sich nicht so einfach trainieren lässt, und das Tier dann wieder verkauft. So werden diese Tiere oft wie Kaffeetassen weitergegeben, in der Hoffnung, dass es irgendjemand doch schafft, aus ihnen ein „handelbares" Pferd zu machen.

Es gibt Gründe, warum Wildtiere oft in Gefangenschaft sterben. Einer der wichtigsten – sie können sich nicht anpassen. Genauso kann es einem mit einem Mustang auch ergehen.

Sie tragen die Wildheit ihrer Ahnen in sich, sie kämpfen um ihr Leben, ihre Freiheit. Tom Dorance, Jean-Claude Dysli, Pat Parelli und Monty Roberts wussten und wissen um die Magie dieser verwilderten Pferde. Diese Pferdeversteher sprachen immer voller Respekt von Mustangs. Respekt bedeutet auch, sie achtsam bei der Haltung zu behandeln. Auch hier gibt es einiges zu beachten. Christina Fritz, selbst seit einigen Jahren Mustang-Begleiterin, hat zusammengestellt, wie man diese Tiere artgerecht hält.

Mein Appell: Man kann Mustangs nicht zähmen, und wer das behauptet, hat noch nie in die Seele eines Mustangs gesehen, geschweige denn ihr Wesen erkannt. Man kann das Vertrauen der Mustangs erwerben und ihnen ein Freund sein, muss aber immer bedenken, dass es Wildtiere sind. Achtsamkeit, Geduld und Respekt muss man ihnen erweisen. Doch wer einmal das Vertrauen eines Mustangs erworben hat, hat einen Freund bis ans Lebensende.

Eure Martina Kiss

Wildpferde

Was sie uns lehren können

von Marc Lubetzki

Die Nacht neigt sich langsam dem Ende, als ich das Gebiet der Wildpferde erreiche. Die frische Bergluft riecht nach Wacholder und Moosen. In dem kleinen Wäldchen vor mir hat sich Dunst gesammelt. Dort werden sich die Pferde zurzeit nicht aufhalten. Zu gefährlich ist es dort in der Dämmerung und bei Nebel, denn ein Pfad der Wölfe führt genau durch diese Senke. Die Herde wird sich für die Nacht einen sicheren Ort gesucht haben. Wahrscheinlich weiter oben in den Bergen.

Wildpferde schlafen nicht dort, wo sie lange gefressen und ihre Duftmarken hinterlassen haben. Dieses natürliche Verhalten macht die Suche zwar nicht einfacher, gibt uns Pferdebesitzern aber auch einen wichtigen Tipp für die Haltung: Pferde fühlen sich sicherer, wenn sie gegen Abend an einen sauberen Schlafplatz mit großer Entfernung zum Fressplatz wandern können. Die Stille schärft die Sinne. Wie werde ich die Pferde bemerken? Was wird sie verraten? Ein leises Knacken im Gebüsch, der Geruch von feuchtem Fell oder ein Schweif, der sich schwungvoll bewegt, um die ersten Fliegen des Tages zu verscheuchen? Und mit welchem Sinn werden mich die Wildpferde bemerken? Es wird wohl davon abhängen, ob die Sicht durch Bäume oder Felsen versperrt ist, ob der Wind in ihre Richtung weht oder ob der Boden meinen Trittschall spürbar weitergibt. Damit die Pferde nicht sofort vor mir weglaufen, ist eines auf jeden Fall besonders wichtig: Sie müssen mich so früh wie möglich bemerken, und sie müssen sehr schnell erkennen, dass ich keine Gefahr für sie darstelle. Die Fluchtdistanz von Wildpferden liegt je nach Gebiet zwischen 200 Metern und einem Kilometer. In einer Herde hält mindestens ein Pferd immer Wache, bei schlechter Sicht sichern mehrere Tiere die Umgebung.

Über diese Verhaltensweisen hat bestimmt schon jeder Reiter einmal etwas gehört. Aber warum gründet ein Hengst eine eigene Herde und ein anderer nicht? Oder wieso sind nicht alle Herden gleich groß, und weshalb zeigen nicht alle Pferde ein identisches Verhalten? Ein Grund für diese Unterschiede liegt in den verschiedenen Charakteren der Pferde. Wir können Pferde in fünf Kategorien einteilen.

Der vorsichtige Typ

Pferde mit dieser Eigenschaft haben die ideale Voraussetzung, um ihre Herde zuverlässig vor Gefahr zu warnen. Zu erkennen ist dieser Charakter sehr einfach: Bei den ersten Anzeichen von Gefahr oder Unbekanntem unterbrechen sie ihr Verhalten, bleiben stehen, bis sie die Situation eingeschätzt haben, oder flüchten. Wird eine Herde von einem Hengst diesen Typs angeführt, handelt es sich meist um eine kleine Herde von zwei bis drei Tieren.

Der fröhliche Typ

Häufig sind hübsche Pferde auch fröhliche Charaktere. Dieser Pferdetyp ist stark an anderen Artgenossen interessiert und nimmt schnell Kontakt zu neuen Pferden und auch Menschen auf. Es handelt sich um Pferde, die ihre nähere Umgebung aktiv untersuchen. Es sind Pferde, die gern Aufgaben innerhalb der Gruppe übernehmen. Hengste diesen Typs führen allerdings nur selten eine eigene Herde, fühlen sich aber auch als Zweithengst neben einem stillen und charismatischen Althengst wohl. Auf den ersten Blick wirkt es dann manchmal, als ob dieser hübsche Kerl die Herde anführt, obwohl er eigentlich nur der „Pressesprecher“ der Gruppe ist.

Der aktive Typ

Treffen wir auf eine große Gruppe, die viel in Bewegung ist, wird sie von einem mutigen und aktiven Herdenhengst angeführt. Einer solchen Herde können wir uns leicht bis zur natürlichen Fluchtdistanz nähern. Es ist nichts Ungewöhnliches, dass neue Tiere in die Herde aufgenommen werden oder ein Pferd die Gruppe wieder verlässt. Auch ist es häufig der Fall, dass neben dem Althengst weitere Hengste in der Herde leben und sogar Stuten decken. Der Althengst hält sich meist am Rand der Herde auf und ist an seiner muskulösen Erscheinung sofort zu erkennen.

Der gemütliche Typ

Diese ruhigen Hengste sortieren ihre Stuten genau. Sie wollen unnötigen Stress soweit es geht vermeiden. Deshalb dulden sie nur Pferde in ihrer Herde, die vom Charakter her gut zu ihnen passen. Ihre Herde besteht in der Regel aus acht bis zwölf Tieren und steht fast immer sehr geschlossen zusammen. Den Hengst finden wir in den Ruhe- und Fressphasen meist in der Mitte der Herde. Nur wenn die Herde weiterzieht, begibt sich der Althengst an den Rand der Gruppe. Optisch sind Pferde mit diesem Charakter an ihrer weichen und runden Körperform zu erkennen. Sie wirken gemütlich, ausgeglichen, und sie scheinen das Leben zu genießen.

Foto: Vanessa Späth

Die alte Stute steht etwas abseits, um Wache zu halten. Pferde, die Wache halten, sind nicht in ständiger Alarmbereitschaft. Sie sind lediglich aufmerksam und fressen nicht. *Foto: Marc Lubetzki*

Der konsequente Typ

Herden, deren Althengst ein ruhiger und sehr überlegt handelnder Typ ist, können sehr groß werden. Bis zu 60 Pferde können zu diesen Familien gehören. Nur selten sieht man, dass sich ein Pferd von der Gruppe entfernt. Die Herde wird wie von einem Magneten zusammengehalten und verhält sich insgesamt genauso ruhig wie ihr Hengst. In diesen Gruppen leben neben dem Althengst auch weitere erwachsene Hengste. Die Aufnahme neuer Pferde in diese Gruppen verläuft meist unauffällig und nur selten verlassen Pferde diese Gemeinschaften. Häufig halten sich diese Herden in der Mitte des Herdenverbandes auf. Sich einer solchen Herde als Mensch anzuschließen ist ähnlich einfach. In diesem Gebiet werden die Herden allerdings auf Grund der Topografie nicht so groß, weshalb sie etwas schwerer zu erkennen sind.

Pferdegerechte Kontaktaufnahme

Mit dem Wissen über die fünf Charaktere und die daraus resultierende Zusammensetzung der Herden können wir uns allen Pferden viel natürlicher und einfacher nähern. Es gibt nur einen kleinen Unterschied zwischen Wildpferden und Hauspferden. Bei wild lebenden Pferden dauert der Prozess länger als bei Pferden, die an Menschen gewöhnt sind.

Das Gebiet, durch das ich mich gerade bewege, ist bergig. Meine Wanderstiefel finden kaum Halt auf den vom Frühnebel feuchten Felsbrocken. Hier hochzuklettern ist aber die einzige Möglichkeit, um irgendwo in der Ferne ein paar Wildpferde zu entdecken. Oben angekommen genieße ich für ein paar Minuten die grandiose Aussicht, bevor ich mir wieder einmal bewusst werde, wie weitläufig und abwechslungsreich der Lebensraum von Wildpferden ist. Kleine Wälder, luftige Hochplateaus und feuchte Grünflächen bieten den Pferden in dieser fast unzugänglichen Gegend seit über 10.000 Jahren eine ideale Heimat. Zwischen den Felsen kann ich in etwa einem Kilometer Entfernung eine Gruppe von ungefähr zehn Pferden ausmachen. Die Herde zieht langsam in Richtung einer kleinen Wasserstelle. Als ich mich etwas zu schnell bewege und mich dabei noch ein wenig nach vorn beuge, galoppieren sie sofort davon. Sie haben mich natürlich längst bemerkt, und eine von mir, wenn auch nur für wenige Sekunden, eingenommene Jagdhaltung hat sie auf der Stelle flüchten lassen. Die Wildpferde im Norden Portugals kennen sich mit Jägern sehr gut aus. Regelmäßig umkreisen Wölfe die Herden und greifen die Pferde an. Deshalb sind die Pferde sehr achtsam und gehen unbekannten Begegnungen aus dem Weg. Neugierige und unaufmerksame Jungtiere sind daher besonders gefährdet

Vollkommene Entspannung

Wenn ich die Herde also kein zweites Mal verschrecken möchte, muss ich mich ihr pferdegerechter annähern. Als Vegetarier habe ich schon einmal den Vorteil, dass ich nicht wie ein Raubtier rieche. Jetzt muss ich mich aber auch exakt so verhalten und bewegen wie ein Pflanzenfresser. Dass ich kein Pferd bin, ist zwar schon dadurch offensichtlich, dass ich auf zwei Beinen laufe, trotzdem imitiere ich ab sofort das Bewegungsmuster eines Pferdes, als würde es sich der Herde nähern. Das Wichtigste dabei ist die vollkommene Entspannung mit ruhiger Atmung und leicht gesenktem Kopf. Dazu ein aufrechter Gang mit gleichmäßigen Schritten und zwischendurch immer wieder kurze Pausen. In diesen Pausen stelle ich einen Fuß genauso wie ein Pferd beim Ruhen ab und schnaufe ganz leise aus. Bewegt sich die Herde, so bewege ich mich auch. Frisst die Herde, so knabbere auch ich an einer Reiswaffel. Macht die Herde eine Pause zum Trinken, dann trinke auch ich einen Schluck Wasser. In diesem synchronen Muster nähere ich mich nun über mehrere Stunden langsam an. Nicht auf dem direkten Weg, sondern in riesigen Zickzackbögen. Es ist eine kleine Herde, die von einem aktiven Hengsttyp angeführt wird. Als die Sonne höher steigt und die Herde sich zum Fressen auseinanderzieht, begebe ich mich etwas weiter in die Nähe einer neugierigen Stute. Ich hocke mich zwischen Stechginster und Farn, senke den Kopf und entspanne. Nach einer weiteren Stunde kommt sie immer näher und beginnt die erste Kommunikation. Noch gehöre ich aber längst nicht zur Herde. Erst wenn der Althengst mich eingeladen hat, mit ihnen zu ziehen, bin ich ein Teil von ihnen.

Der Charakter des Althengstes spiegelt sich im Verhalten der Herde wider. Dieser Herdenhengst ist ein aktiver Typ. Aufgrund seines Alters ist seine Herde nicht mehr so groß wie früher. Er ist aber immer noch daran interessiert, neue Pferde aufzunehmen. *Fotos: Marc Lubetzki*

Der Althengst hat ein Knacken im Wald gehört und richtet sofort alle Sinne in diese Richtung. Seine Herde frisst im sicheren Abstand weiter. *Foto: Marc Lubetzki*

Bevor wir von einem Pferd eingeladen werden, müssen wir uns ihnen anpassen. Dabei ist es wichtig, ihre Energie zu spiegeln und ihren Rhythmus zu übernehmen. *Foto: Vanessa Späth*

Eine Einladung in die Herde erfolgt allerdings frühestens am fünften Tag nach dem Erstkontakt. Die Einladung in die Herde wird immer vom Althengst ausgesprochen. Er ist sozusagen der „Personalchef" der Herde und entscheidet, wer in die Gemeinschaft passt und wer nicht. Bei der Einladung hält er sich an ein festgelegtes Ritual. Beginnt der Herdenhengst mit diesem Ritual, brauche ich nur noch auf jede Geste richtig zu antworten. Mache ich das nicht, bricht er das Ritual ab. Erwidere ich seine Signale, so wie die Pferde es auch tun, dauert es nur wenige Minuten und ich bin Teil der Herde.

Wann und wie ein Hengst eine Einladung ausspricht, liefert uns mehrere Erkenntnisse für den Umgang und die Haltung von Hauspferden. Wir können lernen, wie die natürliche Struktur einer Herde aussieht, da sie je nach Charakter des Herdenhengstes variiert, und dadurch die Zusammenstellung von Gruppen harmonischer gestalten. Da in der Gruppenhaltung üblicherweise keine Hengste anwesend sind, übernimmt ein anderes Pferd diese Aufgabe. Das kann ein Wallach oder eine Stute sein. Zu erkennen ist dieses Pferd daran, dass es die aktive Kommunikation nach außen übernimmt. Das Wachehalten gehört allerdings nicht dazu, dabei wechseln sich die erfahrenen Pferde ab. Beobachten wir die Kontaktaufnahme

zweier Pferde in der Natur, müssen wir uns eingestehen, dass wir oft zu schnell und übertrieben deutlich in der Kommunikation sind. Wildpferde geben sich im Alltag viel Zeit, um auf eine Anfrage zu antworten, und verwenden dann aber sehr feine, manchmal unauffällige Signale.

Kommunikation in der Herde

Kommt ein Pferd nach einer Zeit wieder zurück in seine Herde, berühren sich die Tiere entweder zärtlich mit den Nüstern oder nehmen kurzen Blickkontakt auf. Diese Kommunikation finden wir zwischen Pferd und Mensch durchaus wieder. Besteht eine enge Beziehung zwischen Pferd und Mensch, können wir im Umgang die Signale genauso verfeinern wie beim Reiten oder in der Bodenarbeit.

Gute Möglichkeiten, um die Kommunikation mit unseren Hauspferden natürlicher zu gestalten, sind die Kontaktaufnahme, die Anfrage für eine gemeinsame Aktivität wie Fellpflege oder Spiel. Außer mit einem einzelnen Pferd können wir auch mit mehreren Pferden gleichzeitig natürlich kommunizieren.

***Meine große Bitte an alle Pferdebesitzer:** Gebt euren Pferden Zeit und habt Geduld, schenkt ihnen möglichst viel Freiheit, bietet ihnen den Schutz einer Herde, begegnet ihnen mit tiefer Dankbarkeit für ihre Nähe und ihr Vertrauen, belohnt sie mit artgerechter Haltung und einer Aufgabe, die ihrem Charakter entspricht, und eure Pferde werden euch jeden Tag mit Freude folgen.*

Als Mitglied der Herde darf ich mit etwas Abstand zusammen mit ihnen grasen. Das ist ein guter Anfang für einen langfristigen Beziehungsaufbau. *Foto: Vanessa Späth*

Marc Lubetzki ist Tierfilmer und Pferdeforscher. Er lebt die Hälfte des Jahres zwischen Wildpferden. Während dieser Zeit durchstreift er mit ihnen ihre vielseitigen Lebensräume und bekommt intime Einblicke in ihr Leben. Ihr Verhalten und ihre Kommunikation dokumentiert er mit seiner Kamera. Mit den daraus entstehenden Filmen und Büchern möchte er Pferdehalter inspirieren, die Haltung und den Umgang mit ihren Pferden natürlicher zu gestalten.
www.marc-lubetzki.de

DIE MAGIE DER MUSTANGS

Eintauchen in die Faszination der amerikanischen Wildpferde

von Martina Kiss

Foto: Christiane Slawi

Denkt man an Mustangs, umgibt schon das Wort „Mustang" ein Hauch Magie. Dieses Gefühl, das beim Gedanken an diese amerikanischen Wildpferde aufsteigt, ist das Sehnen von uns Menschen nach Unabhängigkeit. Und obwohl die Vorstellung einer Mustangherde in den Steppen des ehemals Wilden Westens etwas Romantisches hat, ist die Realität weit weniger romantisch. Sie ist eher ernüchternd, denn in ihrer Heimat werden sie eingefangen und in Facilities gehalten, um ihren Bestand zu regulieren, aber auch um sie zu schützen. Denn Mustangs sind Amerikas Symbole der Freiheit. Mustangs umgibt eine ganz besondere Energie, weshalb man von ihnen so fasziniert ist, wenn man sie sieht oder gar streicheln darf.

Um die Magie der Mustangs zu verstehen, muss man sich auch ein wenig mit der Geschichte der Besiedelung Amerikas befassen. Es geht jedoch noch weiter in der Zeitgeschichte zurück: Die Geschichte der Mustangs reicht ungefähr 2,5 bis vier Millionen Jahre zurück. Paleontologen haben Fossilien in Nordamerika gefunden, die diese Zeitrechnung bestätigen. Diese Tiere bewegten sich auf dem Areal Kanadas, Mexikos und der Vereinigten Staaten. Im Jahr 1519 kamen mit Hernan Cortes 30 spanische, domestizierte Hauspferde auf eine Expedition nach Amerika, die als die Urväter der heutigen Mustangs angesehen werden können. Danach kamen mit weiteren spanischen Eroberern, den Conquistadores, größere spanische Pferdeherden, aber auch Maultiere, die als Lastentiere verwendet wurden, ins Land. Viele dieser Tiere entkamen nach ihrer Ankunft und verbreiteten sich bis zum Ende des 18. Jahrhunderts über große Teile Nordamerikas.

VOM 17. JAHRHUNDERT BIS HEUTE

Mit der Eroberung der Neuen Welt, wie Amerika auch genannt wurde, kamen immer mehr Einwanderer aus Europa an. Mit den Conquistadores und ihren Pferden kamen auch Siedler und Missionare ins südliche Nordamerika. Nachdem der Osten der Vereinigten Staaten vermehrt besiedelt worden war, wurden die einheimischen Stämme des Nord- und Südostens immer mehr verdrängt. Dadurch kam es unter den einheimischen Völkern zu Wanderungen. Die Indianer waren so angetan von den Pferden, dass sie viele der zugerittenen Tiere der Spanier auf Raubzügen erbeuteten, da sie rasch den Vorteil der Pferde als Reit- und Lastentier erkannten. Viele der entwichenen Pferde fanden in der Neuen Welt ideale Lebensbedingungen vor. Die spanischen Pferde trugen Berberblut in sich und waren in ihrer Heimat an Hitze und Trockenheit gewöhnt. Sie begründeten die verwilderte Rasse der Mustangs. Durch die idealen Verhältnisse vermehrten sich die Mustangs, sodass ihr Bestand um 1850 auf circa sieben Millionen Tiere geschätzt wurde.

Durch die stetige Besiedelung des „Wilden Westens" mit Einwanderern stieg der Anspruch der Einwanderer, sesshaft zu werden. Sie bauten Städte und die einheimischen Völker, die Indianer, wurden verdrängt. Es fand eine Industrialisierung statt. Maschinen mit Motoren ersetzten die Pferde und es konnte binnen kürzerer Zeit mehr Arbeit erledigt werden. Und so wurde das Pferd nicht mehr gebraucht. Da das Land weit war und um Kosten für die nicht mehr nutzbringenden Pferde zu sparen, entließen die Siedler ihre Pferde in die Freiheit. Diese paarten sich mit wilden Mustangs und bildeten in der Prärie Herden, die Vorfahren der heutigen Mustangs. Sie verbreiteten sich so stark, dass sie eine Bedrohung für die Landwirtschaft wurden. Um 1930 wurde intensiv an der Ausrottung der Mustangs gearbeitet.

SCHUTZ, REGULIERUNG UND ADOPTION

Anfang der 70er-Jahren gab es in Wyoming, Nebraska, Iowa und Montana noch ungefähr 90.000 Mustangs, aber Futter nur für 30.000 Mustangs. Die Farmer und Jäger schossen die Tiere ab, genauso wie die Bisons, die für die Rinder eine Bedrohung darstellten. Mustangs sind jedoch lebendige Symbole der Geschichte und des Pioniergeistes des Westens. Und so erwirkten Wildpferdeschützer, allen voran Velma Johnston („Wild Horse Annie"), 1971 ein Gesetz zum Schutz der Mustangs und Wildesel („Burros"). Die Tiere durften von da an nicht mehr abgeschossen werden. Man stellte sie unter die Aufsicht und die Verwaltung des Bureaus of Land Management (BLM). Rund 35.000 Tiere leben heute noch im Westen der USA. Wenn der Bestand der Mustangs zunimmt, wird die Überpopulation von der BLM eingefangen und in Facilities gesammelt, gezählt und versorgt. Diese Tiere werden mit dem BLM-Kaltbrand markiert. Nach einiger Zeit kann man auf BLM-Auktionen diese Mustangs ersteigern und adoptieren. In erster Linie kommen Ranger zu den Auktionen, um günstig Cowboypferde zu erwerben. Die Voraussetzungen, um einen Mustang zu adoptieren, sind: Man muss über 18 Jahre alt sein, nicht vorbestraft und man muss die Voraussetzungen erfüllen, um für einen Mustang gut sorgen zu können. Hat man einen Mustang adoptiert, bleibt er noch ein Jahr im Besitz des BLM's. In diesem Jahr wird der Mustang auf eine Ranch gebracht, wo er bleiben muss, damit die richtige Haltung, die medizinische

Mustangs sind an die raue Witterung im Herbst und Winter im Nordwesten Amerikas gewöhnt. Ihr Stoffwechsel kommt mit kargem Futter gut zurecht. Auf mitteleuropäischen Graslandschaften muss man aufpassen, dass sie nicht allzu viel zunehmen. *Fotos: Christiane Slawik*

Kontrolle und das Training jederzeit vom BLM kontrolliert werden können. Damit der Mustang Vertrauen aufbauen kann, sollte sein angehender Besitzer ihn so oft wie möglich besuchen. Nach einem Jahr Beobachtungszeit geht er an seinen neuen Besitzer.

HERDENVERHALTEN VERSTEHEN

Mustangs vermischen immer wieder Herden, um die Diversität zu erhalten. Denn Inzucht konnte niemals beobachtet werden. Die Herden bestehen aus 70 bis 150 Tieren und werden aus verschiedenen Familien gebildet. Ein Hengst hat bis zu sieben Stuten in seiner Herde. Die befreundeten Familien bilden eine größere Herde. Die Mustangs verbringen den Tag mit Fressen, Kraulen und Schlafen. Aber Rangordnungskämpfe und der Kampf um die Stuten sind die Hauptbeschäftigung. Ein Hengst signalisiert dem anderen durch

Die Mimik der Mustangs wirkt wesentlich stärker als von domestizierten Hauspferden. In der Wildnis verständigen sich die Mustangs sehr viel klarer und differenzierter. *Foto: Christiane Slawik*

Ohrenanlegen, Mimik und Drohgebärden, wo seine Grenze ist. Die Junghengste verbleiben in einer Herde, bis sie vom Leithengst als Konkurrenz angesehen werden, ihn herausfordern oder eine rossige Stute besteigen wollen. Beim Streit um die Stuten kann es zu schweren Verletzungen kommen. Doch der Hengst, der einen Kampf gewonnen hat, kann mit seiner Stute eine neue Herde bilden. Stuten suchen sich die Hengste aus, die die besten Gene weitergeben können, also am ehesten den Leithengst. Die Tragezeit der Stuten beträgt elf Monate. In der gewachsenen Herde führt die Leitstute sie an, findet die besten Futterplätze und die spärlichen Wasservorkommen. Der Leithengst ist meist der letzte und das Schlusslicht der Herde, um sie zu verteidigen. Er achtet darauf, keine Stuten zu verlieren und vor Fressfeinden zu schützen. Die Junghengste leben am Rand der Herde und lernen spielerisch den Ernst des Lebens.

Der Großteil der Wildpferde lebt in einem spärlich bewachsenen Gebiet und einer kargen Steppenlandschaft. Der Lebensbereich der Mustangs schrumpft immer mehr. Innerhalb zweier Jahrzehnte verringerte sich ihr Lebensbereich von 34 auf elf Millionen Hektar. Wildpferde sind störend, weil sie eine unerwünschte Konkurrenz zu Schaf- und Rinderherden darstellen. Ein anderer Grund ist, dass durch die Gewinnung von Rohstoffen mehr Land verloren geht. Die Rückzugsorte verkleinern sich und so bleibt nicht genug Futter, um alle Wildpferde zu ernähren. Das BLM hat die Aufgabe, den Bestand in jenen Gebieten, in denen Mustangs leben dürfen, der Bestand konstant zu halten und den jährlichen Zuwachs von 20 Prozent im Round-up einzufangen.

VON AMERIKA INS ÖSTERREICHISCHE MÜHLVIERTEL

Doch zurück zu den verwilderten Pröll-Mustangs. Rock, Desert und River wurden – nachdem sie von Erich Pröll 2011 als Jährlinge ersteigert und adoptiert wurden – ein Jahr auf einer Ranch auf ihr Leben in einer Welt mit Menschen vorbereitet. Nach einem Jahr in dem Ausbildungscamp an den Ausläufern der Rocky Mountains und einer Ranch in Wyoming kamen die drei Mustangs in eine 30-tägige Quarantäne, um dann nach Europa geflogen zu werden. Seit 2012 leben die drei Mustangs

Die Herde der Mustangs von Erich Pröll lebt auf der Böhmerwald-Ranch an der österreichisch-tschechischen Grenze auf 30 Hektar Weideland. Zu der Ranch gehören auch ein Haupthaus und ein Westernsaloon. *Foto: Christiane Slawik*

Im Mai kamen die ersten Fohlen dieses Jahr auf die Welt. Auf der Ranch werden sie vom ersten Tag an Menschen gewöhnt. Dadurch wird das Vertrauen von Anfang an aufgebaut. Die Stuten haben zeitgleich vor rund elf Monaten aufgenommen und im Frühsommer binnen einiger Tage ihre Fohlen geboren. Diese können dadurch wie in einer Kinderkrippe mit Gleichaltrigen spielen und die Welt um sich erkunden. *Fotos: Christiane Slawik*

auf einer Fläche von 30 Hektar zusammen mit zwei Stuten, die 2013 gekommen sind. Diese fünf Tiere bilden die Kerngruppe der Mustangherde, mit der Erich Pröll seine Pferdezucht aufbaute und die bis heute 34 Fohlen hervorbrachte.

DIE BEGEGNUNG MIT MUSTANGS

Es ist später Vormittag an einem gemäßigten Herbsttag. „Ruhig verhalten, langsame Bewegungen", das sind die Verhaltensregeln, als mich Erich Pröll auf die Weide seiner Mustangs mitnimmt. Ich betrete die Weide, bleibe stehen und nach einigen Minuten höre ich sie. Eine Herde von Mustangs galoppiert heran. Als Letzter kommt Rock, der Leithengst, aufgerichtet auf uns zu. Erich steht neben mir und erklärt mir: „Du bist fremd und Rock würde dich angreifen, wenn ich nicht hier stände. Warte ab, bis er zu dir kommt, und streichle ihn erst, wenn er es anbietet!" Da ist er – ein brauner Kopf mit viel Stichelhaaren, einem kraftvollen

Schmetterlinge im Bauch, so kann man das Gefühl beschreiben, wenn man zum ersten Mal eine Mustangherde auf sich zukommen sieht. *Fotos: Christiane Slawik*

grauen Körper und sanften Augen, seine Nüstern nähern sich meiner Hand. Das Gefühl ist kaum zu beschreiben, als ich ihn streicheln darf und er mir seinen Atem in die Hand bläst. Rock strahlt eine sehr starke und unabhängige Energie aus, die ich so bei keinem anderen Pferd je gespürt habe. Ich fühle eine geerdete Kraft, die mich durchdringt und die sich über die ganze Herde legt. Ich bin sozusagen Teil der Herde, auch weil die anderen Tiere durch Rocks Vorstoß mich nun neugierig beschnuppern. Mir stockt der Atem und ich fühle mich ganz ruhig. Das ist die Magie der Mustangs, es sind ganz eigene Pferde mit einer unbändigen Energie. Jetzt verstehe ich Erich Pröll, aber auch jeden Mustang-Freund sehr gut. Wer so in einer Mustangherde steht, fühlt sich durch diese Naturkraft eingehüllt und beschützt.

Es gibt kaum Verhaltensregeln, wenn man einen Mustang besitzt, denn diese Wildpferde sind ganz eigene und unabhängige Tiere. Mehr als mit jedem andere Tier muss man behutsam mit ihnen umgehen und nie darf man Gewalt anwenden. Das vergisst ein Mustang niemals. Hat man jedoch einmal sein Vertrauen gewonnen, gibt es kaum einen treueren Partner.

Wer mehr über Mustangs sehen und erfahren will, kann sich auf Erich Prölls Website: **www.proellfilm.com** unter „Mustangs – Lebende Legenden" einen Eindruck von Nordamerikas Wildpferden machen.

Respektlosigkeit oder Unsicherheit haben Erich Prölls Mustangs nie erlebt. Sie sind voller Vertrauen zu Menschen aufgewachsen. Eine Verbindung, die ein (Mustang-)Leben hält. *Foto: Christiane Slawik*

Pferdemensch Erich Pröll

– der Mustang-Mann aus Österreich

Naturfilmer Erich Pröll aus Oberösterreich/Österreich wurde 1949 in Linz geboren. Er war schon als Kind sehr naturverbunden, unternahm Expeditionen in die nah gelegenen Wälder und erforschte Tümpel und Teiche. Zu seinen Haustieren zählten Hamster, Meerschweinchen, Frösche, Gänse und viele weitere Tiere. Seine Liebe zu Pferden und Hunden erwachte erst später. Mit 17 machte er eine Taucherausbildung. Auch das Skifahren begeisterte ihn so, dass er an kleineren Rennen teilnahm. Aber damit nicht genug. Neben der Liebe zur Natur und den Tieren erwuchs in ihm die Liebe zum Filmen und der Drang, die Welt zu bereisen. Schon vor der Matura hielt er Diavorträge und nach Abschluss der Matura faszinierte ihn die Unterwasser- und Tierwelt – allen voran die Pferde. Ob Reitkurse, Wanderreiten oder Springturniere: Hauptsache er konnte sich mit Pferden umgeben. Immer mehr wollte er sich aber nicht an Regeln und die üblichen Inhalte der Reitkurse mitsamt Reitlehrern halten, die eine althergebrachte Ausbildung im englischen Stil anboten. Ihm war der spielerische Umgang mit Pferden wichtiger – frei und ohne Zwang, das sogenannte Natural Horsemanship.

In mehr als 40 Jahren bereiste er als Naturfilmer viele Teile der Welt und drehte in Österreich, dem Sudan, Australien, Jemen, Madeira, Israel, Namibia, Venezuela, China und an noch vielen weiteren Orten an Land und im Wasser. Unter dem Titel „Wilde Reise mit Erich Pröll" entstand eine zehnteilige Naturdokumentationsreihe, die über acht Jahre im österreichischen Fernsehen gesendet wurde. Darin wurde die Geschichte schützenswerter Naturorte, vorwiegend in Österreich, aber auch die Unterwasserwelt am Roten Meer, gezeigt.

In der Pferdeszene wurde er bekannt durch seine vierteilige Serie über „Mustangs – Lebende Legenden", die das Leben der verwilderten Mustangs im Nordwesten Amerikas, ihren Lebensraum und die Arbeit des Bureau of Landmanagement (BLM) zeigt. Der Naturfilmer und Quarter-Horse-Besitzer war begeistert von diesen amerikanischen Wildpferden und es wuchs der Wunsch, eines Tages einen Mustang zu besitzen.

Foto: Christiane Slawik

Was macht die Faszination dieser Tiere aus? „Mustangs sind so klar und echt, sie haben mehr – als domestizierte Hauspferde – Richtlinien," so der Oberösterreicher, der in seiner Heimatgemeinde Goldwörth bei Linz mit sieben American Quarter- und Painthorses wohnt.

Beim Dreh des Mustang-Vierteilers lernte er auch viele berühmte Pferdetrainer kennen, wie Monty Roberts, Pat Parelli und Jean-Claude Dysli, die ihm den Charakter der Mustangs nahebrachten. In seiner Serie „Pferde-Menschen" porträtiert er Menschen, die Pferde trainieren oder sich sportlich mit ihnen befassen, wie Kerstin Brein, eine Pferdetrainerin aus Oberösterreich. Pröll interviewte als einer der wenigen auch Lorenzo, einen der einfühlsamsten Pferdemenschen, der seine Verbindung mit seinen Pferden darstellt. Es entstand eine 50minütige Dokumentation über Lorenzos Leben mit seinen Pferden in der Camargue und in Oberösterreich.

Im April 2011 – als er für einen Mustang-Dreh wieder in Amerika war, ging ein Traum in Erfüllung. Als erster Nichtamerikaner bekam Erich Pröll die Chance, Mustangs zu erwerben. Bei einer Auktion in Wyoming ersteigerte er drei Jährlinge aus dem BLM-Adoptionsprogramm – einen Hengst, den er Rocky taufte, und zwei Stuten namens Desert und River. 2013 kamen noch zwei Stuten, Topaz und Demie, hinzu. Seit 2012 züchtet er und gibt die Fohlen nach einer angemessenen Zeit an Mustangfreunde ab. Die neuen Besitzer müssen allerdings einige Kriterien erfüllen.

„Wer sich einen Mustang von mir holt, muss ihm ein mustanggerechtes Leben ermöglichen. Meine Mustangs dürfen nicht in Boxen gestellt werden, sie brauchen die Freiheit und dürfen nur im Offenstall gehalten werden. Wenn ich merke, dass das nicht möglich ist, hole ich mir auch Mustangs zurück", so Pröll. Viele Besitzer von Pröll-Mustangs werden aber auch zu Freunden und kommen Erich immer wieder auf seiner Ranch besuchen.

Was sind die beeindruckendsten Momente, wenn er mit seinen Mustangs zusammen ist? „Wenn ich mit meinen Mustangs einfach zusammen bin, wir am Boden im Unterstand auf dem Stroh liegen und sie mir ihre Köpfe auf den Schoß legen. Dieses Gefühl, dass sie mir so sehr vertrauen, ist so innig und das schönste."

www.proellranch.at

Gebrauchsanleitung für Mustangs

Wie man sie pferdegerecht hält

von Dr. Christina Fritz

Foto: adobestock/Rob Palmer

Mustangs sind in Freiheit bis zu 16 Stunden am Tag auf der Suche nach Nahrung und Wasser unterwegs. Darauf ist ihr ganzer Organismus ausgerichtet. Das gilt auch, wenn sie in Gefangenschaft gehalten werden. Je weniger freie Bewegungsmöglichkeiten sie haben, umso größer wird ihr innerer Stress und desto mehr Stoffwechsel- und Verdauungsprobleme entstehen mittelfristig. Eine sinnvolle Haltung in unseren Breiten für Mustangs sind weitläufige Offenställe. Bei der Fütterung gilt: Nährstoffarm und faserreich.

Wildpferde wie die Mustangs verhalten sich in Bezug auf ihre Bedürfnisse etwas anders als unsere Hauspferde. Daher sollte man vor allem bei der Haltung und Fütterung auf einige wichtige Punkte achten, damit sie psychisch und körperlich gesund bleiben.

Lebensraum und Freilauf

Wildpferde sind es gewohnt, eine weite Sicht zu haben. Sperrt man sie in geschlossene Boxen oder auch in geschlossene Offenställe, ist das erheblicher Stress für die Tiere. Das kann sich negativ auf Verhalten und Gesundheit auswirken. Mustangs kommen mit Trockenheit und auch mit widrigem Wetter zurecht. Sie benötigen jedoch Windschutzmöglichkeiten, wie ein kleines Wäldchen, Windschutzhecken oder wenigstens Stellwände, hinter denen sie geschützt stehen können. Kälte und Regen können sie hingegen problemlos auch ohne Stall aushalten. Bietet man Offenställe an, sollten diese an der ganzen langen und einer kurzen Seite offen sein. Außerdem sollten die Wände so gestaltet sein, dass die Pferde mit erhobenem Kopf eine komplette Rundumsicht haben. Geschlossene Ställe, insbesondere solche, bei denen dann auch noch Lamellen vor den Eingängen hängen, werden in der Regel nicht angenommen. Da stehen die Pferde lieber vor, neben oder hinter dem Stall im Windschatten unter dem Dachüberstand.

Paddock-Trails bieten Bewegungsanreize für die freiheitsliebenden Tiere. Wenn diese Trails dann noch über mehrere Fressstellen und weiter entfernte Wasserstellen verfügen, sorgen sie für Bewegung, und das erhält gesund. Diese Form kommt der Naturhaltung der Mustangs am nächsten.

Das Herdenverhalten

In freier Wildbahn ist die Herde wichtig, um zu überleben, denn sie bietet Sicherheit und Schutz.

Während des Grasens wird ein Mustang in seiner Herde nicht so leicht von Fressfeinden überrascht, weil immer einige „Wachdienst" schieben, während die anderen entspannt fressen können. Einen Mustang ohne Herdenverband zu halten, sorgt für massiven Stress, denn in der freien Wildbahn wäre ein solches Pferd schnell Opfer eines Raubtiers. Mustangs zeigen in der Regel ein sehr sauberes Sozialverhalten und gliedern sich ohne größere Probleme in Herden ein. Lediglich mit „vermenschlichten" Pferden, die über kein natürliches Verhaltensrepertoire mehr verfügen, kann es zu Konflikten kommen. Je ursprünglicher die Herdenmitglieder von ihrer Rasse, Haltung und dem Umgang mit dem Menschen her sind, umso harmonischer die Gruppe.

Die Fütterung

Einer der Gründe, warum Mustangs vom Menschen noch nicht komplett ausgerottet wurden, ist die Tatsache, dass sie in Regionen überleben können, die zu mager für die Rinderhaltung sind. Mustangs sind absolute Raufutterverwerter. Ein ständiger Zugang zu qualitativ einwandfreiem, magerem Heu ist daher essenziell – auch und vor allem für Mustangs. Das Heu sollte Zuckerwerte unter 6 Prozent aufweisen, maximal mit 10 Prozent Zuckergehalt bei moderatem Eiweißwert. Wildpferde verfügen nicht über eine ausreichende Anzahl von Zuckertransportmolekülen in ihrer Darmwand, um mit größeren Zuckermengen zurechtzukommen. Das Heu sollte dafür sehr hohe Strukturwerte aufweisen. Je später gemäht und je artenreicher die Wiese, desto eher ist das Heu für Mustangs geeignet. Es muss über 24 Stunden zur freien Verfügung stehen. Eine Fütterung in Mahlzeiten sorgt für Stress bei Mustangs, da sie an eine ständige Raufutterzufuhr gewöhnt sind. Bei mangelndem Futterangebot würde die Herde weiterziehen. Steht dort aber ein Zaun und das Pferd kann nicht seinem Bedürfnis nach Aufsuchen neuer Weidegründe gerecht werden, sorgt das langfristig für gesundheitliche Einschränkungen. Mustangs schätzen das Angebot ihres Raufutters in Heunetzen, Heusäcken, Heukisten, da es ihrem Verhalten nach „Abrupfen" des Raufutters entgegenkommt, vor allem wenn mehrere Slowfeeder über den Auslauf verteilt sind. Bietet man mageres und nahrhaftes Heu parallel an, wird in der Regel das magere, nährstoffarme Heu bevorzugt. Stehen mehrere Slowfeeder zur Verfügung, so wechseln die Pferde regelmäßig zwischen den Fressstellen. Man kann die Fütterung noch optimieren, wenn die verschiedenen Slowfeeder mit unterschiedlichen Heusorten gefüllt sind. Damit kann sich jeder Mustang sein individuelles Nährstoff-Faser-Verhältnis optimal einstellen.

Je naturnaher Mustangs gehalten werden, desto gesünder und widerstandsfähiger sind sie. *Foto: Christiane Slawik*

Heu muss rund um die Uhr zur Verfügung stehen. Weidegang sollte stets mit Vorsicht angeboten werden, da unsere Weiden nichts mit den mageren Steppen zu tun haben, von denen die Mustangs stammen. In Maßen knabbern auf überständigen Weiden oder zeitlich limitiert auf begrenzten Flächen ist in Ordnung, der unkontrollierte Zugang zu fetten grünen Wiesen sollte aber unterbunden werden. In solchen Fällen sollte man besser über die kontrollierte Zufütterung von frisch gemähtem Grün zum mageren Heu die Vitaminversorgung sicherstellen. Zu viel reichhaltiges Weidegras führt zu Dysbiosen (Fehlgärungen) im Dickdarm und legt damit den Grundstein für Stoffwechselerkrankungen. Der hohe Nährstoffgehalt kann dabei von den Mustangs überhaupt nicht sinnvoll verwertet werden. Man sollte immer daran denken, dass der Mustang aus mageren Steppen stammt und nicht von deutschen Kuhwiesen.

Wildpferde nehmen in ihrer natürlichen Ernährung kein Getreide auf. Ihr Verdauungstrakt ist daher nicht auf die Verwertung größerer Mengen Stärke ausgelegt, des Hauptbestandteils von Kraftfutter. Ab und zu in freier Wildbahn aufgenommene Pflanzen- und Gräsersamen enthalten zwar Stärke, aber die über den Tag aufgenommene Menge ist deutlich geringer als das, was wir üblicherweise in die Futtertröge geben. Mustangs sind extrem effiziente Faserverwerter und können alle für die Arbeit mit dem Menschen notwendige Energie aus dem Heu gewinnen. Eine Zufütterung von Kraftfutter ist daher nicht nur unnötig, sondern sogar schädlich.

Während andere aufpassen, kann ein Pferd schlafen oder fressen und wird so nicht von Fressfeinden überrascht. *Foto: shutterstock/ Tom Tietze*

Keine Ölfütterung

Wildpferde nehmen mit ihrer Nahrung nur winzigste Mengen an Fetten auf, vor allem aus den Keimlingen von Samen. Der Dünndarm ist daher nicht auf die Verwertung größerer Mengen an Fetten ausgelegt. Diese können bei Mustangs nicht ausreichend emulgiert und verdaut werden. Im Nahrungsbrei verbleibende Fette sind toxisch für die Darmflora, sodass damit die Verwertung des wichtigen Raufutters herabgesetzt wird. Mustangs in Gefangenschaft nehmen ausreichend Fette über das Raufutter auf, das bei uns üblicherweise 1 bis 2,5 Prozent Rohölgehalt aufweist. In dieser Form sind die Fette auch für die Pferde verdaulich und vollkommen ausreichend, um den Bedarf zu decken.

Kein zusätzliches Eiweiß

BLM-Mustangs sehen bei artgerechter Ernährung für unsere Wahrnehmung oft „kantig“ oder „rippig“ aus. Das geht in aller Regel zurück auf einen relativ hohen Vollblutanteil, den viele BLM-Mustangs aufweisen. Damit unterscheiden sie sich auch klar von anderen Wildpferden wie den Przewalski-Pferden, die durch ihr Urpony-Erbe eher zu einem rundlichen Körperbau neigen. Unsere Hauspferde sind in sehr vielen Fällen mittelgradig bis stark übergewichtig, was dazu führt, dass verfettete Pferde von uns mittlerweile als „normal“ wahrgenommen werden und ein normalgewichtiges Pferd oft als „zu dünn“. Durch hohe Eiweißgehalte in der Fütterung wird oft versucht, den Pferden Muskulatur „anzufüttern“. Muskulatur wird aber nur so weit aufgebaut, wie sie für Arbeitsleistung benötigt wird. Man kann davon ausgehen, dass Wildpferde zwischen 30 und 60 Kilometer täglich auf der Suche nach Nahrung und Wasser zurücklegen, dabei teilweise tragend sind oder ein Fohlen bei Fuß haben und sich gegen

Wildpferde produzieren weder genügend Verdauungsenzyme für die Aufspaltung größerer Stärkemengen, noch verfügen sie über genügend Zuckertransporter in der Darmwand, um den Zucker aus dem Nahrungsbrei in den Blutstrom aufzunehmen. Auch sind sie nicht darauf ausgelegt, größere Schwankungen im Blutzuckerspiegel auszugleichen. Aus diesem Grund sollte auf die Gabe von Kraftfutter, egal ob in Form von Müsli, Pellets oder reinem Getreide, grundsätzlich verzichtet werden.

Fressfeinde zur Wehr setzen müssen. Diese enorme Leistung wird ausschließlich durch die Aufnahme von Raufutter bewerkstelligt und es wird nicht mehr Gewicht herumgeschleppt als notwendig. In unseren Haltungsbedingungen laufen Pferde meist eher zwischen drei und zehn Kilometer pro Tag, bei erhöhter Arbeitsleistung eines Freizeitpferdes können es auch mal 15 Kilometer werden. Diese geringe Laufleistung erfolgt bei gleichzeitig sehr reichhaltigem Grundfutter. Mustangs in Gefangenschaft verbrauchen weniger Energie als in Freiheit, bei gleichzeitig höherer Energiezufuhr schon bei reiner Heufütterung. Nehmen sie dennoch nicht zu, hat das mit ihrem genetischen Erbe zu tun: Jedes überflüssige Kilo, das bewegt werden muss, kostet wertvolle Energie und belastet die Gelenke. Eine Zufütterung von Eiweiß ist hier nicht nur sinnlos, sondern kontraproduktiv. Denn überzählig aufgenommenes Eiweiß muss abgebaut werden. Das belastet die Nieren, die den dabei entstehenden Harnstoff ausscheiden müssen und auf eine eiweißreiche Ernährung gar nicht ausgelegt sind. Außerdem fördert eine übermäßige Eiweißfütterung die Einlagerung von Fett, was optisch zunächst so aussieht, als sei das Pferd stärker bemuskelt. Denn Pferde lagern Fett zunächst in der Muskulatur ein und nicht als Fettpölsterchen an Hals oder Kruppe (Equines Metabolisches Syndrom (EMS)). Mustangs sind von Hause aus an eine eiweißarme Ernährung angepasst und kommen mit den in unserem Heu enthaltenen Eiweißmengen problemlos aus, auch wenn sie regelmäßig gearbeitet werden.

Mineralstoffe in Maßen

Wildpferde suchen gezielt nach Blättern, graben Wurzeln aus oder fressen an bestimmten Stellen Erdboden, um unter anderem ihren Mineralbedarf zu decken. Bei unseren Haltungsbedingungen ist das leider nicht immer möglich, da Ausläufe und Koppeln in der Regel nicht den Bewuchs und Boden bieten, den ein Pferd sich in freier Wildbahn aussuchen würde. Da die meisten Heu-Chargen unausgeglichen sind im Mineralgehalt, sollte regelmäßig und kurweise ein normales Mineralfutter mit anorganischen Mineralstoffen (Oxiden und Sulfaten) angeboten werden. Während dieser Kuren füllt das Pferd die Speicher aller Mineralstoffe auf, um dann in den Zeiten ohne Mineralgabe diese wieder aufzubrauchen. Durch eine solche Fütterungspraktik stellt man ungefähr das Angebot an Mineralien nach, wie es Wildpferde auch in der Natur vorfinden. Denn hier kommt niemand täglich rum und bietet die exakte Tagesration an Mineralstoffen an.

Pferde vertragen grundsätzlich keine silierten Produkte, da sie zu viele Milchsäurebakterien in den Dickdarm eintragen. Das sorgt für Dysbiosen, die später Stoffwechselkrankheiten auslösen können. Für Mustangs gilt: Lieber ein schlechtes Heu als gute Heulage. *Foto: Christiane Slawik*

Stattdessen werden in Zeiten des Überflusses die Speicher gefüllt, in Zeiten des Mangels die Speicher geleert, um dann im nächsten Überfluss wieder gefüllt zu werden. Eine Zufütterung von Vitaminen ist bei Mustangs nicht notwendig, sofern sie ein qualitativ einwandfreies Heu bekommen und hier und da etwas frisches Grünfutter knabbern können. Wichtiger ist es, ihre Darmflora gesund zu erhalten. Es sollten Mineralfutter unbedingt vermieden werden, die in größerem Maß Zucker (Dextrose, Saccharose, Rübenschnitzel, Apfeltrester ...), Mühlennachprodukte (Weizenkleie, Weizengrießkleie oder andere Getreidebestandteile), Bierhefe oder organisches Selen enthalten. Solche Mineralfutter mögen zwar ein ausgewogenes Mineralverhältnis bieten, aber die Trägerstoffe oder die Form des Minerals schaden dem Stoffwechsel am Ende mehr, als das Mineralfutter letztlich nützt.

Man sieht also: Ein Mustang braucht im Wesentlichen das, was jedes Pferd braucht, er toleriert aber unsere Fehler in Haltung und Fütterung deutlich weniger als ein handelsübliches Warm- oder Vollblut. Erfüllt man die Grundbedürfnisse, hat man ein Pferd, das ohne Verhaltensstörungen oder Zivilisationskrankheiten zu entwickeln seinen Menschen lange gesund und leistungsfähig begleitet.

Dr. Christina Fritz studierte Biologie mit anschließender Promotion. Nach vielen Aus- und Weiterbildungen im alternativtherapeutischen Bereich führt sie seit über 15 Jahren eine Praxis für integrierte Pferdetherapie. Darüber hinaus ist sie Fütterungsexpertin und hält Vorträge, Fortbildungen und Webinare über artgerechte Pferdefütterung und -haltung. Sie ist Autorin mehrerer Fachbücher wie „Zivilisationskrankheiten bei Pferden" und „Kinesiologie am Pferd" und betreibt die Gesundheitswebsite wissen.sanoanimal.de. Sie ist selbst Besitzerin eines Mustangs.
www.christinafritz.de

Harrys Welt

Tierkommunikation

– trau dich!

Bei dem Wort Tierkommunikation teilen sich die Geister. Manche glauben dran, andere halten das für Blödsinn: Tiere können nicht mit Menschen kommunizieren.

Wenn ihr Menschen wüsstet, wie schnell wir Pferde euch „scannen" und jede emotionale Regung erkennen können! Ihr habt keine Chance, euch vor uns zu verstecken. Manche Gemütsregungen irritieren oder verunsichern uns, zum Beispiel Angst. Da sind wir Fluchttiere sehr empfindlich. Andere nehmen wir nur zur Kenntnis. Je intensiver die Verbindung zu unseren Menschen ist, umso empfindlicher reagieren wir auf Stimmungslagen. Nur ein Gläschen Bier oder ein Schnaps – schon akzeptieren wir euch nicht mehr als Leitfigur und reagieren abweisend. Sind aber alle eure Gedanken bei uns, schließen wir euch in unsere Aura mit ein.

Wer natürlich denkt, Tierkommunikation wäre ein Plauderstündchen, der liegt falsch. Wir Pferde sind keine Plaudertaschen. Wir reden nur, wenn wir was zu sagen haben, und das drückt sich in vielen Varianten aus. Unsere Mimik und unser Verhalten sind eine Sprachebene. Das kann jeder Mensch lernen.

Denn Tierkommunikation ist nicht gleich Tierkommunikation. Da gibt es noch die Telepathie. Das geht so richtig gut nur mit meinem Menschen – wir kennen uns ja auch schon über 25 Jahre. Wenn wir draußen im Gelände sind und wir im verhaltenen Trab durch den Wald reiten, juckt es mich manchmal, einfach loszustürmen. Dann höre ich von meinem Menschen über mir: „Harry, denk das erst gar nicht zu Ende!"

Und warum kann er meine Gedanken lesen? Wir kennen uns lange, und vor allem ist er immer bei mir, wenn wir zusammen sind. Ich fühle die Verbindung und kann ihm Gedanken senden, und er ist sensibel genug, diese auch bei ihm ankommen zu lassen.

Er könnte natürlich denken: Blödsinn. Tierkommunikation gibt es nicht. Kann gar nicht sein.

Jeder, der sein Pferd über längere Zeit kennt, hat schon einmal die Gedanken seines Pferdes gespürt. Ihr solltest euch trauen, die Gedanken des Pferdes zu euch zu lassen. Gerade wir Pferde können Gedanken sehr intensiv senden.

Ich stand ausgerechnet an Heiligabend in meiner Box mit einer schweren Kolik. Ich habe mir nichts sehnlicher gewünscht, als dass mein Mensch jetzt bei mir wäre und mir helfen würde. Er wurde zu Hause unruhig, er hat mich gespürt und er kam.

Also traut euch, die Gedanken eures Pferdes zu empfangen und euren eigenen „Ahnungen" zu trauen. Das Zeug zu einem guten Tierkommunikator trägt jeder in sich; man muss es nur zulassen, die Seele für sein Pferd öffnen und ganz bei ihm sein.

Also: Traut euch!

In diesem Sinne

Euer Harry

(... der sich nach getaner Arbeit auf seine Weide freut.)

Wer Fragen, Anliegen oder Wünsche hat, kann mir unter harry@naturalhorse.de eine Mail schreiben.

Kolumne

Sie möchten ein **Abo** ohne weitere Verpflichtungen? Dann abonnieren Sie Natural Horse jetzt!

- Lieferung frei Haus
- Jederzeit mit einer Frist von 1 Monat kündbar
- Nur 57 Euro im Jahr (für 6 Ausgaben) in Deutschland, 69 Euro in Europa
- Sie verpassen keine Ausgabe
- Sie erhalten Ihr Heft früher als im Handel erhältlich

Sie möchten Natural Horse als E-Paper lesen?

www.naturalhorse.de
Digital-Abo

Sie möchten Natural Horse verschenken?

www.naturalhorse.de
Geschenk-Abo

Ich möchte Natural Horse im Abo
Bitte einsenden an Natural Horse Leserservice | PressUp GmbH | Postfach 70 13 11 | D-22013 Hamburg | abo@naturalhorse.de

- [ ] Ich möchte Natural Horse im Abo zum jährlichen Preis (6 Ausgaben) von 57 Euro innerhalb Deutschlands. Europa 69 Euro.

- [ ] Ab aktueller Ausgabe
- [ ] Ab nächster Ausgabe
- [ ] Ich möchte auch gerne den Newsletter erhalten (4 Ausgaben pro Jahr). Ich bin damit einverstanden, dass die Crystal Verlag GmbH mich per Telefon oder E-Mail über interessante Angebote informiert. Ich ermächtige die Crystal Verlag GmbH, wiederkehrende Zahlungen aus diesem Abonnement von meinem Konto mittels Lastschrift einzuziehen.

Name/Vorname

Straße | Nr.

PLZ | Ort

Tel./Mail

IBAN

BIC/Bank

SEPA-Lastschriftmandat
Ich ermächtige die Crystal Verlag GmbH, Gläubiger-Identifikationsnummer DE52ZZZ00001410577, Zahlungen von meinem Konto mittels Lastschrift einzuziehen. Zugleich weise ich mein Kreditinstitut an, die von der Crystal Verlag GmbH auf mein Konto gezogenen Lastschriften einzulösen. Ich kann innerhalb von 8 Wochen, beginnend mit dem Belastungsdatum, die Erstattung des belasteten Betrages verlangen. Es gelten dabei die mit meinem Kreditinstitut vereinbarten Bedingungen. Die Mandatsreferenz wird separat mitgeteilt.
Widerrufsrecht
Die Bestellung kann innerhalb von 2 Wochen ohne Begründung widerrufen werden. Es genügt eine Mitteilung an den Natural Horse Leserservice und an die Crystal Verlag GmbH. Zur Fristwahrung gilt die rechtzeitige Absendung.

Datum/Unterschrift

Impressum

Natural Horse
Über den achtsamen Umgang mit Pferden
Friedrichsruher Weg 33
D-21465 Wentorf bei Hamburg
info@naturalhorse.de

erscheint in der Crystal Verlag GmbH
Friedrichsruher Weg 33
D-21465 Wentorf
Tel.: +49 (0)40 710 015 68
info@crystal-verlag.com

Herausgeber
Hans J. Schmidtke

Chefredaktion
Martina Kiss

Autoren dieser Ausgabe
Katharina Beier, Kirsten Fleiser, Dr. Christina Fritz, Martina Kiss, Lisa Kittler, Sandra Kitzmüller, Knut Krüger, Marc Lubetzki, Elke Malenke, Hans-Jürgen Neuhauser, Harry Piaffe, Diana Tiebes

Layout und Grafik
Eva Lakas Dipl. Des. (FH) | Berlin

Covermodel
Rock, Mustang

Coverfoto
Christiane Slawik, www.slawik.com

Pressevertrieb
PressUp GmbH, 22013 Hamburg

Abonnements
Natural Horse Leserservice
PressUp GmbH
Postfach 70 13 11
22013 Hamburg
Tel.: +49 (0)40 38 6666-317
Fax: +49 (0)40 38 6666-299
abo@naturalhorse.de

Einzelhefte
Crystal Verlag GmbH
Friedrichsruher Weg 33
D-21465 Wentorf
info@naturalhorse.de

Medienberatung
Crystal Verlag GmbH
Friedrichsruher Weg 33
D-21465 Wentorf
media@crystal-verlag.com

Druck
Grafisches Centrum Cuno, Calbe

Natural Horse
natural_horse_pferdemagazin
Natural Horse

www.naturalhorse.de